安徽省山区营运高速公路边坡稳定性风险评估

ANHUISHENG SHANQU YINGYUN GAOSU GONGLU
BIANPO WENDINGXING FENGXIAN PINGGU

鲁圣弟　查旭东　唐凛　肖益民　刘浩军 ｜ 著

中南大学出版社
WWW.csupress.com.cn
·长沙·

前　言

Foreword

随着我国高速公路建设向山区不断延伸，通车里程逐年增加，形成了大量的高陡路基边坡，而山区高速公路边坡在服役过程中，伴随各种内外因素的综合作用，技术状况和服役性能不断劣化，稳定性风险随之升高，特别是受极端气候环境的影响，时常发生严重变形、失稳或滑坡等灾害，从而威胁高速公路和周边构筑物的运营安全。近年来，安徽省大别山区、皖南山区及沿江地区多条营运高速公路边坡在雨季发生了严重程度不一的水毁破坏，导致交通阻塞，影响行车安全，造成社会经济和环境损失。因此，合理评估并管控边坡稳定性风险是确保山区营运高速公路长期服役安全的重点管养工作之一。

为此，本书结合安徽省境内高速公路建养工程的地质条件及以往路基边坡地质灾害情况，依托典型山区营运高速公路路基边坡养护工程，开展营运期边坡稳定性风险评估、制定边坡稳定性分类分级风险评价标准及风险防治对策，以指导边坡运营安全的综合管养和应急处置，进一步有效管控边坡稳定性风险，科学规避边坡失稳事故的发生，保障高速公路通行安全，提高边坡科学管养决策，降低养护维修费用。

本书主要内容包括：

1）分析安徽省大别山区和皖南山区的区域概况，提出山区营运高速公路边坡状况现场调研的基本要求，并制定具体的实施方案。根据现场多次调查与回访，统计典型边坡的桩号位置、填挖类型、几何特征、岩土性质和支护结构等相关信息，分析边坡水毁病害类型及其相应的加固处治措施与应用效果。

2）针对山区营运高速公路填方、土质挖方、岩质挖方和二元介质4类边坡，基于风险的危险性和危害性，梳理边坡稳定性风险影响因素，并将其划分为危险诱发类、危险抑制类和危害类3大因素，构建山区营运高速公路边坡稳定性风险评价的分类分级指标体系，并规定对应的指标评分标准。

3）制定山区营运高速公路边坡稳定性风险等级划分标准，运用综合赋权法确定评价指标体系的权重系数，建立边坡稳定性风险综合评价模型，提出风险防治对策，并通过实体边坡稳定性风险评估验证，形成一套科学合理的山区营运高速公路边坡稳定性风险评价方法。

本书的第 1 章、第 7 章由鲁圣弟、查旭东编写，第 2 章、第 3 章、第 4 章由鲁圣弟、唐凛、肖益民编写，第 5 章、第 6 章由查旭东、刘浩军编写，全书由查旭东、鲁圣弟统稿。

本书是 2018 年度安徽省交通运输科技进步计划第 39 项、安徽省交通控股集团有限公司科技项目（JKKJ-2018-03）"安徽省山区营运高速公路边坡稳定性风险评估及防治技术研究"课题的主要研究成果之一，研究经费由安徽省交通控股集团有限公司自筹。

在本书写作过程中，课题组的熊亮、许杰、罗润洲、杨晓松、张俊逸、肖杰、黄媛媛、陈勇庆、程祥俊、赵宇、王辉、朱然、闵远峰、袁斌、方薇、胡恒武、吕瑞东、许文辉、郭子瑞等也给予了很大帮助，在此对所有为本书付出努力与贡献的研究人员表示衷心感谢。在本书的出版过程中，中南大学出版社的责任编辑刘锦伟给予了很多帮助，在此特予以致谢。

由于笔者水平所限，书中难免存在疏漏、错误和不当之处，欢迎专家与读者批评指正。

作者

2022 年 12 月

目 录

Contents

第 1 章 概 述 ………………………………………………………… 1

1.1 研究背景及目的意义 ……………………………………………… 1

1.2 国内、外研究概况 ………………………………………………… 3

    1.2.1 国外边坡风险评估研究进展 ……………………………… 3

    1.2.2 国内边坡风险评估研究现状 ……………………………… 3

    1.2.3 国内、外概况评述 ………………………………………… 4

1.3 主要研究内容 …………………………………………………… 5

第 2 章 调研区域概况及实施方案 ……………………………………… 7

2.1 调研区域概况 …………………………………………………… 7

2.2 边坡调研基本要求及实施方案 …………………………………… 8

    2.2.1 边坡调研基本要求 ………………………………………… 8

    2.2.2 边坡调研实施方案 ………………………………………… 9

2.3 小结 ……………………………………………………………… 13

第 3 章 大别山区营运高速公路边坡状况调研分析 ………………… 14

3.1 六安地区营运高速公路边坡状况 ………………………………… 14

3.2 安庆地区营运高速公路边坡状况 ………………………………… 21

    3.2.1 G35 岳潜高速公路 ………………………………………… 21

    3.2.2 G50 高界高速公路 ………………………………………… 26

3.3 大别山区营运高速公路边坡状况统计 …………………………… 30

3.4 小结 ……………………………………………………………… 30

第4章　皖南山区营运高速公路边坡状况调研分析 ················· 33

　4.1　黄山地区营运高速公路边坡状况 ······················· 33

　　4.1.1　G3 汤屯高速公路 ····························· 33

　　4.1.2　G3 铜汤高速公路 ····························· 36

　　4.1.3　S42 黄祁高速公路 ···························· 41

　4.2　池州地区营运高速公路边坡状况 ······················· 48

　　4.2.1　G50 铜池高速公路 ···························· 48

　　4.2.2　S27 安东高速公路 ···························· 53

　4.3　皖南山区营运高速公路边坡状况统计 ··················· 57

　4.4　小结 ·· 61

第5章　山区营运高速公路边坡稳定性风险评价指标体系构建 ······· 62

　5.1　安徽省山区营运高速公路边坡典型病害及防治措施分析 ······ 62

　　5.1.1　边坡的基本分类 ····························· 62

　　5.1.2　边坡的主要病害类型 ·························· 64

　　5.1.3　边坡病害影响因素分析 ························ 66

　　5.1.4　边坡病害典型防治措施 ························ 70

　5.2　山区营运高速公路边坡稳定性风险评价指标体系构建 ········ 71

　　5.2.1　评价指标体系建立原则 ························ 72

　　5.2.2　评价指标体系建立 ···························· 73

　　5.2.3　评价指标评分标准 ···························· 73

　5.3　小结 ·· 89

第6章　山区营运高速公路边坡稳定性风险评价方法研究 ··········· 91

　6.1　边坡稳定性风险评估流程及调查分析 ··················· 91

　　6.1.1　风险评估工作流程 ···························· 91

　　6.1.2　调查方法与内容 ····························· 92

　　6.1.3　风险数据统计分析 ···························· 94

　6.2　边坡稳定性风险评价指标权重确定 ····················· 94

　　6.2.1　权重确定方法简介 ··························· 105

　　6.2.2　评价指标权重确定 ··························· 105

6.2.3 评价指标权重计算 ·························· 108

6.3 边坡稳定性风险等级划分及综合评价 ················ 117

6.3.1 基准风险等级 ···························· 117

6.3.2 风险评价方法 ···························· 118

6.3.3 风险综合评价 ···························· 120

6.4 边坡稳定性风险防治对策 ····················· 123

6.5 小结 ····································· 124

第7章 结论与建议 ······························· 126

7.1 主要结论 ······························· 126

7.2 研究建议 ······························· 127

附 录 ··· 129

参考文献 ······································· 139

第1章
概　述

1.1　研究背景及目的意义

　　随着社会经济的快速发展,在工程建设领域中,人类工程活动对地表的改造已到了不可忽视的程度,涉及 80%陆地地表的地区,持续影响地球表层的演化过程。我国地形地势总体呈现出西高东低的阶梯状分布特征,地形多种多样,山区面积广大,约占全国总面积的 2/3。穿越山区的公路、铁路等线状工程沿线地形条件复杂,形成了大量的填、挖方路基边坡,这些边坡的突出特点是高度不一、数量多、路线长、地质条件复杂且形成时间短。虽然在建设过程中已经基于工程实践对路基边坡采取了必要的支护措施,但由于地质问题的复杂性、模糊性和不确定性以及外界诱因等的持续性或周期性扰动,边坡在服役过程中时常出现严重程度不一的变形或滑坡等灾害,威胁行车安全,影响周边构筑物等设施的完整性,造成难以估计的损失。

　　据《2021 年交通运输行业发展统计公报》[1],截至 2021 年末,全国公路总里程 528.07 万 km,比上年末增加 8.26 万 km;公路养护里程 525.16 万 km,占公路总里程比重为 99.4%;高速公路里程 16.91 万 km,增加 0.81 万 km。截至 2022 年末,安徽省的《安徽省公路"十三五"发展规划》已基本完成,县县通高速公路网已基本实现,"同城化"效应不断扩大,特别是大别山区、皖南山区等原本交通极不便利的地区,变化尤为明显。而随着《安徽省高速公路网规划修编(2020—2035 年)》[2]的实施,安徽省将基本实现"各市有环线、县区有双线、重点城镇全覆盖、重要节点全联通、主要通道全扩容",预期新增高速公路 31 条,约 1935 km,远景展望线 4 条,约 300 km;到 2035 年,全省高速公路规划总里程达 10165 km。

　　显然,高速公路通车里程的增加,为加快建设新阶段现代化交通强国提供了有力支撑和保障,但伴随的公路养护里程比重也在逐年上升。以安徽省为例,据考察和资料统计,安徽省交通控股集团有限公司管养的高速公路里程超过 4000 km,其中皖南山区、大别山区、沿江高速公路里程超过 1500 km,而 6~20 m 坡高范围的边坡病害占比约 68.11%。2015 年以来,安徽省沿江、黄祁、高界等多条山区营运高速公路边坡在雨季发生了多处较严重的水毁破坏,局部路段甚至发生边坡整体破坏,导致交通阻塞,影响通行质量,并造成较严重的社会经济损失，据估计，平均每年该类破坏的修复工程费用就超过了 4000 万元。边坡作为高速公路的一个重要组成部分，其稳定性直接关系着交通安全。2019 年的全国交通运输工作会议就明确提出"安全无小事，责任大于天"，并突出强调了强化隐患治理和风险管控的重要性，明确了完善风险分级管控预防机制，深化安全工程建设，以实现风险管控的目标。

丘陵、山地的大面积开发，使得公路边坡数量庞大，这些边坡或经高填深挖而形成，或直接利用原生地貌边坡。在营运过程中，伴随各种内、外因素的作用，边坡的技术状况不断劣化，防护功能也随之下降，边坡失稳问题日显突出，尤其在梅雨季节的连续降雨或者峰值降雨等极端气候条件下，极易发生滑坡、崩塌等灾害，山区高速公路边坡尤为明显，从而给高速公路的营运安全埋下巨大的安全隐患。除在勘察、设计和施工等各阶段采取有效的边坡稳定性分析和必要技术措施外，在其运营阶段如何进行边坡的科学、有效管理，已成为一个重要的研究课题。虽然当前的边坡养护管理投入了一定的资金，但大都基于边坡灾后的治理工作，是被动的养护管理，当边坡发生轻微病害时不能及时发现并加以有效处治，最终导致严重的边坡灾害问题，加大了养护资金投入，也造成了恶劣的社会影响。

显然，在山区高速公路运营过程中定期进行边坡风险评估是一项重要任务。大量研究和工程实践表明，影响路基边坡稳定性的风险因素众多、类型复杂，总体而言，影响边坡稳定性的根本原因是边坡内部应力和坡体强度之间的平衡关系，而影响内部应力的因素又被进一步分为内因和外因。其中，物质组成、岩体结构、风化程度属于内因，降雨、防护措施状况等属于外因。据考察，安徽省境内黄塔(桃)高速公路上行线 K1377+200 处、G50 沪渝高速公路 K479+200 处、铜汤高速公路沿线等均是在连续极端暴雨作用下出现路基边坡失稳。在排水设施一定的情况下，高强度的暴雨更易使坡脚部位岩土体的应力重分布程度恶化，边坡易出现滑溜和冲蚀破坏，由此造成边坡局部失稳，之后坍塌区渐进并向坡顶扩展，出现更大规模的滑坡灾害。

山区营运高速公路边坡风险受制于内、外部各种因素的综合作用，如边坡的地质形成条件、改造作用、防护状况等方面的差异，导致对其开展物理力学分析较为困难，即便是同一地区的同一岩体内部，其物理力学特征也呈现出不同的空间与时间的差异[3]。因此，在山区营运高速公路长期服役过程中，如何评价、控制边坡稳定性风险显得尤为重要。为此，本书结合安徽省境内的气候条件、高速公路建养工程的地质条件及以往路基边坡地质灾害情况，依托典型山区营运高速公路路基边坡养护工程，通过现场调研和分析，在总结国内、外研究成果的基础上，参考相关规范文件，进行山区营运高速公路边坡稳定性风险指标体系构建，开展边坡稳定性风险评价，制定营运期路基边坡稳定性分类分级风险评价标准及风险防治对策，以指导边坡运营安全的综合管养和应急处置，进一步有效管控边坡稳定性风险，科学规避边坡失稳事故的发生，保障高速公路通行安全，提高边坡管养决策的科学性，降低养护维修费用。

1.2　国内、外研究概况

1.2.1　国外边坡风险评估研究进展

早在 20 世纪 50 年代，国外发达国家就已基本完成公路总体性建设，研究重点转向公路养护关键技术与适用技术领域，相关资金的投入比例也逐渐加大，开启了边坡养护管理新时期。美国、苏联、法国、意大利、英国和日本等相继开展区域边坡失稳规律的研究，并提出具有统筹规划意义的研究对策，获得了良好的成效。随着时间的推进，研究趋势逐渐发展成由单个边坡的分级分类边坡处治到以定性定量分析相结合的综合治理研究[4]。

Casagrande[5]（1966）基于岩土体的复杂性和离散性，指出风险是所有岩土工程中先天固有的，可作为评估工程实践中不确定性因素致使工程失稳的手段。这一思想构成了如今岩土工程风险评估的基本理论框架，后来的许多学者将其继续深化推广至工程安全的风险分析实践。Peck（1969）应用观测法控制岩土工程中的不确定性和风险，但通常只适用于施工期间。美国国会 1977 年底启动"Federal Dam Safety Program"，要求工程师在岩土基础设施建设过程中执行质量控制系统以减少风险。

20 世纪 80 年代以后，学者们相继开展与边坡工程有关的风险研究[6]。Whitman[7]（1984）对风险分析进行了详细的解释和描述，阐述如何进行风险分析以及风险分析的可接受标准。风险工程是以更为有效的风险管理为目标的各种风险分析技术的集合。Carrara[8]（1991）利用 GIS 和遥感技术研究了滑坡灾害与致灾因子间的统计关系，并用风险系数值区间[0，1]来评价滑坡灾害风险。Fell[9]（1994）把风险评价的改进方法用于滑坡地质灾害，讨论了可接受风险水平等问题。Einstein 提出了采用 5 个步骤来进行滑坡灾害风险评价：自然条件、危险物图、灾害图、风险图、风险管理图。Anbalagan 等[10]（1996）研究了山区滑坡地质灾害评价方法，提出风险评价制图方法和风险评价矩阵。

Uromeihy 等[11]（2001）基于对各影响因子的考量，采用滑坡地质灾害分区图来评价滑坡灾害的潜在风险，运用模糊集理论对各影响因素进行潜在危险性的计算，并绘制了灾害分区图。Cascini[12]（2008）以意大利的卡拉布里亚地区为研究对象，分析了不同区域边坡的活动性（偶发/休眠状态），探讨了滑坡敏感和危险性的 AHP 的适用。Lari 等[13]（2014）利用曲线分布图进行滑坡预测，并对其频率、强度和类型等参数进行了评估。Quillan 等[14]（2018）基于澳大利亚 119 个露天煤矿边坡的相关历史数据资料，采用回归分析与最大似然估计法确定边坡高度、坡角、设计坡脚和地质条件为影响其边坡稳定性的主要因素，并应用赋值法对这些因素进行定量分析，构建了经验统计边坡风险等级评估模型。Timur 等[15]（2018）考虑到改变岩质挖方边坡的原有几何尺寸、强度、卸载都会增强风化作用，从而影响到边坡稳定性，采用 SSPC（slope stability probability classification）对 20 处高度在 6~20 m 公路挖方边坡进行了风险评估。Pan 等[16]（2020）分析了随机地震边坡稳定性，结果显示边坡位移对地震动的强度和持续时间比频谱更敏感。

1.2.2　国内边坡风险评估研究现状

我国高速公路的建设起步较晚，1988 年上海—嘉定高速公路建成通车标志着大陆高速公路运营新篇章的开启。自此,在工程和地质灾害领域,我国也开始关注和重视风险分析。起初,边坡工程局限于对滑坡的分布、边坡失稳机理、预测预报等方面的研究;20世纪80年代后,风险分析理论和技术方法开始应用于边坡工程[17]。

吴世伟[18](1991)基于水工结构的风险分析问题,研究了风险的概率和损失的计算方法。刘玉恒等[19](2001)采用蒙特卡洛模拟法建立土坝滑坡风险计算模型,并提出了土坝滑坡风险分析的容许风险标准。赵其华等[20](2002)从工程可靠性角度,对和平沟滑坡可能的失稳规模、方式及其危害性进行了深入分析,并初步估算了滑坡的风险率,否定了其治理的必要性,这一分析思路给其他工程提供了一定的借鉴意义。谢全敏等[21](2003)利用层次分析法及模糊数学方法对边坡失稳因素进行了定量分析。朱良峰等[22](2004)开发了基于区域地质灾害的风险分析系统,把信息量模型与GIS相结合,建立了地质灾害预测制图与分析的自动化系统,对全国范围的滑坡地质灾害进行了危险性、易损性和风险等级的评价。李东升等[23](2005)本着安全和经济相平衡的原则,以损失最小为决策准则,借用决策树模型,考虑社会贴现率,进行了边坡防灾工程风险决策分析。

李典庆等[24](2006)基于香港地区近20年的堑坡观测资料,提出了考虑时间效应的滑坡风险评估和管理方法。张春山等[25](2006)通过收集和调查野外地质资料,对黄河上游地区地质灾害以县市为单位进行了危险性划分。张雷等[26](2007)将层次分析法引入影响因素复杂繁多的山区高等级公路边坡工程。黄建文等[27](2007)提出了边坡稳定性评价的模糊层次分析模型,并应用该模型对清江隔河岩水电站厂房高边坡的稳定性进行分析评价,结果表明该模型的正确性较高。张雷等[28](2009)利用因子识别成果构建了边坡风险因子的层次分析模型,并以此建立了风险评估模型。王福恒[29](2011)提出了基于GIS的区域公路边坡灾害评价与预测方法。聂春龙[30](2012)提出了包含3方面(内部因素、外部因素、偶然因素)、8要素(边坡总坡度、切割深度、岩性、内摩擦角、黏聚力、地表水体影响、日最大降雨量、最大地震烈度)的边坡工程危险源的评价指标体系,并建立指标评价体系的遗传层次综合评价模型。何海鹰等[31](2012)基于300多处岩质高边坡的数据调查统计结果,确定4种典型破坏模式,并分析相应的主要影响因素,从而采用AHP方法构建了岩质高边坡风险评估指标体系。

吴忠广等[32](2014)为实现高速公路高边坡施工安全风险分级管理,提出了高边坡施工安全总体风险评估方法,基于蒙特卡洛随机抽样技术,运用K-S检验进行指标权重总体分布的有效检验。谢旺祥[33](2014)基于构建的高边坡施工过程运营安全危险性评价指标体系,建立了T-S模糊神经网络的高速公路改扩建高边坡施工过程中运营安全危险性预测模型。赵博等[34](2018)基于现有评价方法的各种缺陷,采用物元可拓法和马尔可夫链的集成方法,提出一种新的边坡风险评价模型,将现场监测数据纳入风险评价体系,以实现动态追踪和预测风险变化规律与趋势。吴忠广等[35](2018)针对高速公路岩质高边坡运营期间病害频发现象,运用贝叶斯网络技术与风险传递路径方法分析了高边坡病害风险致因。乔建刚等[36](2020)通过调研发现,土石边坡失稳主要是由降雨等因素导致。罗路广等[37](2021)的研究显示,地震因素和地形地貌是控制地震滑坡的主要因素。

1.2.3　国内、外概况评述

国内、外的边坡养护管理模式因背景差异各不相同,但是其管理目标是统一的,即通过科学的养护管理保障高等级公路的高效运行；在保证通行安全的同时，尽快回收建设投资，降低费用，使公路继续创造出更多的经济效益和社会效益。综合分析国内外研究现状发现，风险评估作为重要的技术手段，在公路边坡工程研究中受到了广泛的重视，对防灾减灾具有重要的意义，且发展前景广阔。同时，研究方法多种多样，层次分析法、模糊数学理论、神经网络技术等多种手段应用于边坡风险评价中，使其不断向定量化、精准化方向发展。然而，这些边坡风险评估方法或者基于各类边坡工程展开，不能较好地反映公路边坡风险评估的工程特点；或者主要针对某类边坡及新建边坡失稳灾害建立分析方法，不能广泛应用于高速公路边坡养护管理的工程实践；或者涉及山区营运高速公路边坡的稳定性风险评估等相关研究较少，不能适应当前的公路营运管理阶段边坡稳定性风险新特点。为保证高速公路运营安全，掌握边坡的安全状况，以采取有效措施加强边坡的安全防控工作，当前的研究还存在以下需解决的问题。

(1)目前，国内、外边坡风险评估方法众多，但由于所依据的分类原则、分类标准和分类目的以及岩土特性的不同，迄今还没有一个公认的统一分类。大多风险就边坡的破坏形式进行分类，对于未变形边坡则很少进行分类，并且专门为营运高速公路工程管养服务的边坡分类尚缺乏深入研究。

(2)在公路边坡风险评估方面，绝大部分以新建高边坡或发生失稳的特殊岩土边坡为主，而关于山区营运高速公路边坡稳定性风险评估方面的研究比较缺乏。我国营运高速公路边坡的相关设计、历史养护数据已有一定的累积，但是利用程度较低，将这些数据应用于山区营运高速公路边坡稳定性风险评估的研究工作较少。

1.3 主要研究内容

为了合理评价山区营运高速公路边坡稳定性风险状况，构建边坡稳定性风险评价指标体系，本研究依托安徽省大别山区和皖南山区及沿江地区的8条营运高速公路路基边坡的水毁养护工程，通过典型边坡状况的现场调研和回访，分析边坡的稳定状况、水毁病害类型、综合防治措施及稳定性风险影响因素，从而建立边坡稳定性风险评估指标体系和方法，为边坡综合养护防治决策提供基础依据。

1)安徽省山区营运高速公路边坡状况调研分析

根据研究目标，设定安徽省山区营运高速公路边坡状况现场调研的基本要求，包括调研目的、原则、要求、方法和统计信息等；制定调研实施方案，主要对大别山区(即六安、安庆地区)和皖南山区(即黄山、池州地区)的已处治、正在监测、存在潜在失稳风险及局部失稳等4类典型边坡进行现场调研和回访，以确定桩号位置、填挖类型、岩土类型、几何尺寸、支护结构与病害状况、建养历史及其他情况等。据此，对边坡的运营和稳定状况进行评价，分析水毁病害类型及其相应的加固处治措施与应用效果，从而为梳理边坡稳定性风险影响因素及综合养护防治技术提供现场调研依据。同时，根据现场调研的边坡状况，比选确定试验取样和变形跟踪监测的边坡点，为开展后续室内、外试验和变形监控预警提供实体工程依据。

2)山区营运高速公路边坡稳定性风险评价指标体系构建

　　在现场调研结果及边坡工程分类的基础上，根据国家和行业相关标准、技术规范、现有研究成果及专家意见和建议，依据安徽省境内的地形地貌、水文地质及气候环境等条件，结合安徽省山区营运高速公路边坡建养历史资料及防治实践，进行公路边坡稳定性风险因素分析，从整体上针对填方边坡、土质挖方边坡、岩质挖方边坡和二元介质边坡等4类边坡的稳定性风险，开展危险诱发类、危险抑制类、危害类等3个方面影响因素的研究，从而建立相应的山区营运高速公路边坡稳定性风险评价指标体系，确定分级评价指标和评分标准，为后续边坡稳定性分类分级风险评估提供基础依据。

　　3) 山区营运高速公路边坡稳定性风险评价方法研究

　　参考国家和行业相关标准、技术规范以及相关文献资料，确定山区营运高速公路边坡稳定性风险等级划分标准，即低风险、中风险、较高风险、高风险和极高风险5类等级。据此，基于山区营运高速公路边坡稳定性风险评价指标体系，建立山区营运高速公路边坡稳定性风险综合评价模型，并通过实体边坡稳定性的风险评估，对评价指标权重、综合评价模型、风险等级划分标准进行验证分析，从而形成一套科学合理的山区营运高速公路边坡稳定性风险评价方法，为边坡稳定性综合管养及应急处置提供决策依据。

　　根据上述3个方面的主要研究内容，确定本研究主要技术路线如图1.1所示。

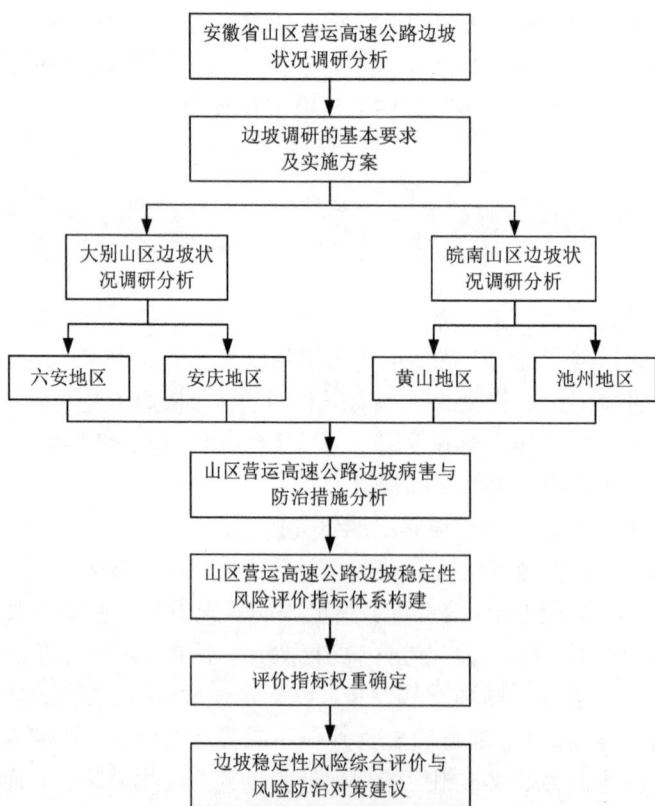

图 1.1　本研究主要技术路线

第 2 章
调研区域概况及实施方案

　　山区高速公路边坡是一类开放性系统,其自身脆弱性较高,随着营运时间的延长,在各种荷载作用及自然环境因素影响下,边坡技术状况呈不断劣化趋势;但是,山区高速公路边坡作为一类人工边坡,大多采取了一定的防护、排水或支挡等抑制边坡病害、失稳或灾害的技术措施;此外,不同位置边坡失稳导致的危害性也不同,对管理工作者而言,对应的风险水平也不相同。显然,服役边坡稳定性风险的研究不仅需要关注诱发边坡稳定性危险的影响因素,还需要关注抑制边坡稳定性危险的影响因素以及危害类因素。如何有效地进行边坡稳定性风险评价、高质量进行边坡养护,以保障山区营运高速公路边坡稳定和安全,在保护生态环境的同时,减少圬工量、合理降低养护费用是一项重要的研究课题。因此,山区营运高速公路边坡稳定性调研是进行边坡安全管理的基础性工作,高质量的调查数据、有效的信息是制定稳定性风险评估指标体系及养护管理对策的前提。

2.1　调研区域概况

　　安徽省(114°54′~119°37′E,29°41′~34°38′N)位于长江三角洲地区,属于华东片区,地处长江、淮河中下游,长江三角洲腹地,居中靠东、沿江通海,地势西南高、东北低,长江、淮河横贯省境,平原、台地(岗地)、丘陵、山地等地形齐全,可将全省分为淮北平原、江淮丘陵、大别山区、沿江平原和皖南山区 5 个地貌区,分别占全省总面积的 30.48%、17.56%、9.99%、24.91% 和 16.70%,地跨淮河、长江和钱塘江 3 大水系[38]。

　　省内大别山区和皖南山区位于淮河以南,属于亚热带湿润季风气候,年降水量在1100~2500 mm,有 60% 集中在 5 月至 8 月,总体呈南多北少,山区多、平原丘陵少的特点;地质构造比较复杂,地质环境脆弱,崩塌、滑坡、泥石流等地质灾害广泛发育。其中,大别山区位于安徽省西部,包括安庆市的潜山市、太湖县、宿松县、望江县、岳西县和六安市的霍邱县、金寨县、霍山县以及淮南市的寿县,属皖西山地区,大别山区中山面积约占全部山区的 15%,其余多为低山丘陵,山间谷地宽广开阔,山地多深谷陡坡,地形复杂,坡向多变,坡度多在 25°~50°;皖南山区位于安徽省长江以南,包括池州市、宣城市、黄山市和部分铜陵市,属于皖南丘陵山地区,皖南山区层峦叠嶂,峰奇岭峻,以山地丘陵为主,海拔多在 200 m 左右。

2.2　边坡调研基本要求及实施方案

2.2.1　边坡调研基本要求

1）调研目的

通过现场调研，结合边坡的物质组成、岩土体结构等内因，综合分析、判断边坡当前的稳定性。在调研的基础之上，结合巡查、监测和养护历史资料对边坡病害进行定性分析，以初步确定边坡技术状况，为进一步统计服役边坡的常见病害类型及时空分布规律，分析病害的主要影响因素及典型防治措施提供依据；在此基础上确立服役边坡稳定性风险评价指标体系，综合评估边坡稳定性风险等级，及时提出有效的防治对策。

2）调研方法

边坡调研可采用徒步辅以无人机倾斜摄影技术，通过眼看、耳听、敲打、简单测量等简便手段整体掌握坡体结构、构造及其稳定性，调查已有的和潜在的变形类型、位置及范围，初步判定边坡的技术状况及是否存在即时风险，并同步记录。

（1）对于存在检修道且便于攀爬的边坡，采用攀爬等方式进行近距离测量，检查各级边坡平台或堑顶附近是否存在裂缝、截水沟是否堵塞或损坏，以及坡面冲刷、风化程度等，并用高清数码相机拍摄病害部位照片。

（2）对于一些高陡边坡，由于检修坡道缺失，无法进行人工检查或人工检查将消耗大量的人力和资源，使得更多深入的工作无法有效展开。此类边坡可采用无人机倾斜摄影技术进行检查，通过全貌拍摄和悬停空中对重点部位、缺陷部位进行拍照取样，并放大影像分析病害成因。

（3）结合边坡管理人员及周边群众进行座谈走访。

3）调研要求

成立专门的边坡调查小组，其成员为相关专业工作人员。首先，通过小组讨论会议确定拟调研的边坡范围，专业工作人员对选定的典型山区营运高速公路边坡展开实地数据的采集工作，现场拍摄高清照片或录像，填写相关表格，对边坡安全状况与风险状态进行初步分析评价，并梳理边坡结构缺陷修复及病害整治工程措施。为了做好边坡病害调查工作，需要满足以下几点要求：

（1）调查前期，专业工作人员前往高速公路养护管理中心查阅边坡地勘、设计与施工资料，记录边坡桩号位置、边坡尺寸、防护类型、岩土特征、地质概况、周边环境、失稳和治理记录等多方面信息，并于现场进行复核。

（2）调查工作应遵循安全、及时、有效等原则，注重作业安全，并减少对车辆通行的影响，同时确保调查数据的有效性。

（3）边坡调查范围宜包括坡面区域和坡体外围可能对边坡稳定性有潜在危险性和危害性影响的区域，沿边坡走向宜以两侧纵向填挖交界处外延不小于 2.0 倍坡高，垂直边坡走向应以影响边坡稳定的范围为界，不宜小于 2.0 倍坡高。

（4）外业调查工作结束后，应及时对数据进行分类处理，建立"一坡一档"制度，做好资料的归档工作。

2.2.2　边坡调研实施方案

2019 年 4 月和 5 月、2020 年 8 月及 2021 年 9 月，项目组依据如图 2.1 所示的安徽省营运高速公路现状分布情况，针对营运高速公路边坡开展了以"安徽省山区营运高速公路边坡稳定性风险评估及防治技术研究"为主题的实地调研与回访工作，历时 20 余天，调研总里程近 510 km，具体调研统计信息内容如表 2.1 所示。

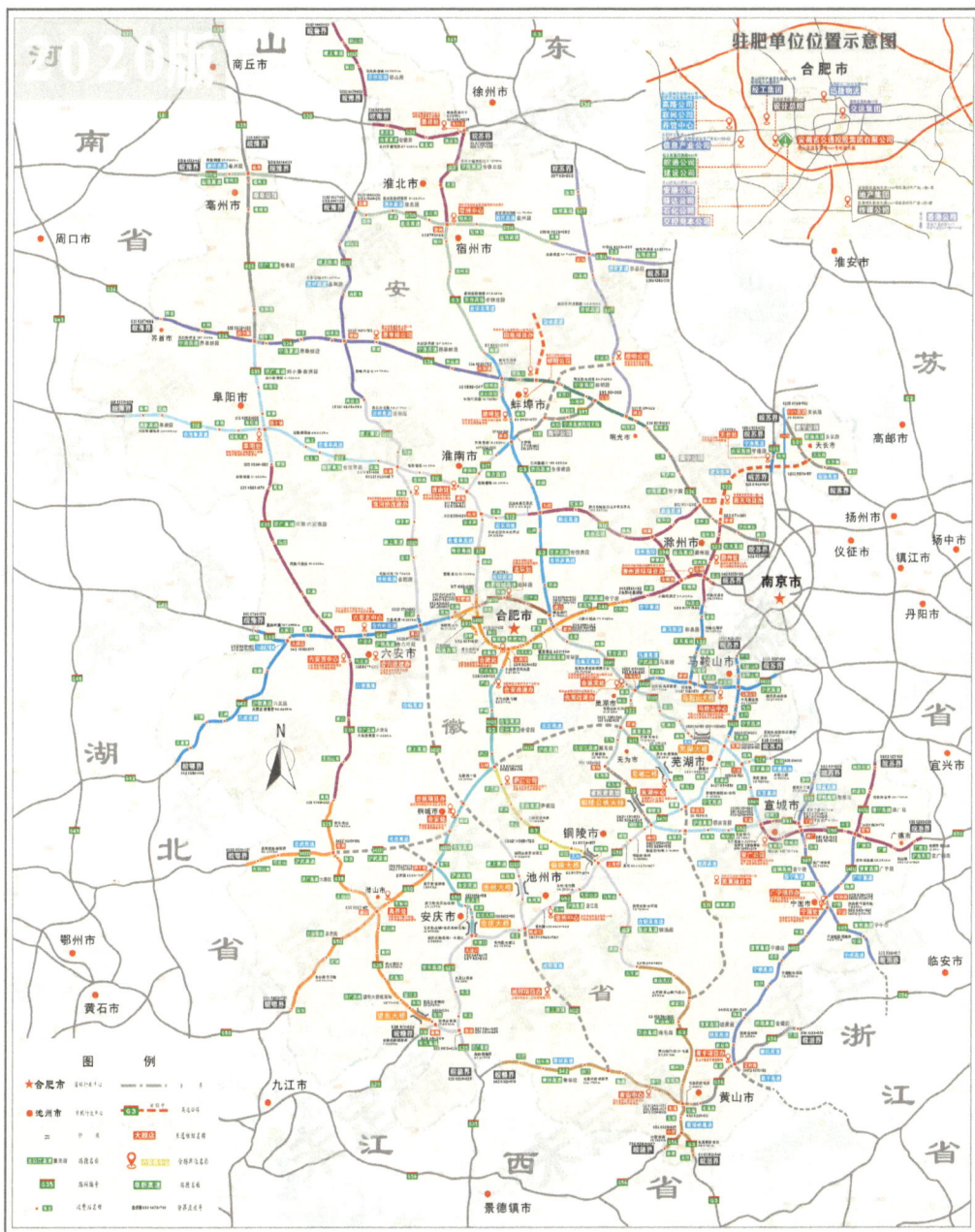

图 2.1　安徽省营运高速公路现状分布情况

表 2.1　公路边坡基本状况与动态信息调查表

1. 边坡基本信息：

路线名称		路线编号	
边坡起讫桩号		边坡序号	
路线方向	□上行　　　　□下行		
边坡类型	□填方边坡　　　□土质挖方边坡 □岩质挖方边坡　□二元介质边坡	（边坡全貌照片）	
坡高/m		坡级	
坡度/(°)		坡长/m	
山体最大相对高差/m	□≤50　　□50~200　□200~300 □300~500 □>500		
坡体岩土性质	填方边坡： ①坡体填料 □巨粒土　□粗粒土　□细粒土 ②基底坡面与边坡坡向的关系 □反坡 □近水平(0°~10°) □缓坡(10°~20°) □陡坡 ③基底条件 □硬质岩　□软质岩　□土层 岩质挖方边坡： ①岩石的坚硬程度 □坚硬岩　□较坚硬岩　□较软岩　□软岩　□极软岩 ②结构面发育程度 □结构面1~2组，平均间距>1 m，呈整体或巨厚层状结构 □结构面1~3组，平均间距1~0.4 m，呈块或厚层状结构 □结构面≥3组，平均间距1~0.2 m，呈裂隙块或中厚层状结构 □结构面≥3组，平均间距0.4~0.2 m，呈裂隙块或碎裂结构 □结构面发育密集无序，岩体呈松散体状结构 ③结构面结合程度 □好　□一般　□差　□很差 ④外倾结构面倾角 □近水平(0°~5°)或内倾　□>76.0°或<26.6°　□26.6°~76.0° □结构面无明显规律	土质挖方边坡： ①土体类型 □碎石土　□砂土　□粉土　□黏性土 ②土体密实度 □密实　□中密　□稍密　□松散 ③土体含水状态 □稍湿　　□湿　　□很湿 ④黏性土稠度状态 □坚硬　　□硬塑　□可塑　□软塑	
边坡周边设施环境	填方边坡： ①周边是否有桥梁、隧道、公路、水体、地表建筑物等设施 □否　□是 ②若是，相隔距离 □路基下方1.0倍坡高距离内 □路基下方1.0~1.5倍坡高内 □路基下方1.5~2.0倍坡高内 □其他	挖方边坡： ①坡体及两侧是否有桥梁、隧道、高压线、水体等设施 □否　□是 ②若是，相隔距离 □坡顶以外0.5倍坡高距离内 □坡顶以外0.5~1.0倍坡高内 □坡顶以外1.0~1.5倍坡高内 □其他	

续表 2.1

边坡防护	坡级	排水设施	防护工程	支挡结构
	第 1 级			
	第 2 级			
	第…级			

地震动峰值加速度 g	□≤0.05　　□0.05~0.10　　□0.10~0.15 □0.15~0.20　　□>0.20

2. 边坡动态信息：

边坡病害信息 （附照片）	是否发生病害	□是　　　□否	发生时间	
	病害起讫桩号			
	病害规模	长度＿＿ m，宽度＿＿ m，高度＿＿ m 体积：□≥50 m³　　　□<50 m³		
	病害部位	□第 1 级坡　　　□第 2 级坡　　　□第＿＿级坡		
	病害类型	□截排水设施损毁 □路面裂缝、不均匀沉降 □路基不均匀沉降、坍塌 □坡面鼓肚、脱块等 □岩块和碎屑堆积在坡脚 □坡脚挡墙剪切破坏 □挡墙外倾 □其他＿＿＿＿＿＿＿＿＿＿		
	补充说明			

边坡病害照片	边坡防护工程现状照片

填表单位：　　　　填表日期：　　年　　月　　日　　填表人：　　　　联系电话：

项目组选定的大别山区和皖南山区，具体为六安、安庆、黄山和池州 4 个地区的 8 条山区营运高速公路，分别位于安徽省皖西大别山区、皖南山地丘陵区，并基于 4 类典型边坡展开调研，即已处治、正在监测、存在潜在失稳风险及局部失稳的边坡。填方和挖方边坡现场调研点共计 29 处，所在地区及边坡统计如表 2.2 所示。

表 2.2　安徽省山区营运高速公路边坡调研地区及统计

调研地区	调研高速公路	填方边坡 /处	挖方边坡 /处	小计 /处
六安	G35 高速公路六安至岳西段(六岳)	3	1	4
安庆	G35 高速公路岳西至潜山段(岳潜)	2	2	4
	G50 高速公路高河至界子墩段(高界)	0	3	3
黄山	G3 高速公路汤口至屯溪段(汤屯)	1	1	2
	G3 高速公路铜陵至汤口段(铜汤)	2	1	3
	S42 高速公路黄山至祁门段(黄祁)	4	3	7
池州	G50 沿江高速公路铜陵至池州段(铜池)	0	3	3
	S27 高速公路安庆至东至段(安东)	0	3	3
合计	—	12	17	29

于 2020 年 8 月展开的调研工作，是在历史调研基础上的雨季后实地回访与补充调研，共计 17 处。其中，六安地区回访边坡 2 处，分布于 G35 六岳高速公路沿线；安庆地区回访边坡 2 处，分布于 G35 岳潜高速公路沿线；黄山地区回访与补充调研边坡 9 处，其中 S42 黄祁高速公路沿线回访与补充调研 5 处，G3 铜汤高速公路沿线回访与补充调研边坡 3 处，G3 汤屯高速公路沿线回访与补充调研 1 处；池州地区回访与补充调研边坡 4 处，其中 G50 铜池高速公路沿线回访与补充调研边坡 1 处，S27 安东高速公路沿线回访与补充调研边坡 2 处，S38 东彭(东至至彭泽)高速公路沿线补充调研边坡 1 处。

多次现场调研发现，六安与安庆地区的岩土体性质主要为花岗岩及其风化产物；黄山地区边坡防护形式多见挡土墙与扶壁的联合结构；池州地区总体地势较平坦，高边坡、超高边坡较少，边坡防护形式多见锚杆框架梁与植草袋结合的形式。参考专家意见，项目组内部研讨后拟定 6 处调研边坡作为岩土体取样试验点，3 处边坡作为备选变形监测点。土体取样点边坡类型及所属地区如表 2.3 所示。2020 年 8 月，通过与各管养部门交流，综合反馈的信息，拟定补充调研路线，展开安徽省山区营运高速公路边坡状况雨季回访与补充调研工作，并对黄山地区 S42 黄祁高速公路 K70+850 处上行线进行补充取土工作。

表 2.3　安徽省山区营运高速公路边坡岩土体取样地区及具体边坡点

取样地区	边坡岩土体取样点对应桩号	边坡类型
六安	G35 六岳高速公路，K747+059 处上行线	填方
安庆	G35 岳潜高速公路，K762+300 处上行线	填方
黄山	G3 汤屯高速公路，K1300+000 处上行线	挖方
黄山	S42 黄祁高速公路，K70+850 处上行线	填方
池州	G50 铜池高速公路，九华出口 A 匝道口处	挖方
池州	S27 安东高速公路，K21+500 处上行线	挖方

2.3　小结

　　为了有效、可靠地进行边坡稳定性风险评估，结合安徽省山区营运高速公路路网现状，确定了边坡技术状况调研区域、基本要求和实施方案，主要得到以下研究结果和结论：

　　(1)安徽省山区主要有皖西大别山丘陵山地区和皖南丘陵山地区，属于亚热带湿润季风气候，年降水量在 1100~2500 mm，并主要集中在梅雨季节；地质构造比较复杂，地质环境脆弱，且地质灾害广泛发育。因此，梅雨季节安徽省山区营运高速公路边坡易发生水毁破坏。

　　(2)边坡调研可采用徒步辅以无人机倾斜摄影技术，通过眼看、耳听、敲打、简单测量等简便手段整体掌握坡体结构、构造及其稳定性，调研结果应记录在专门设计的记录表中。据此，选定六安、安庆、黄山和池州 4 个地区的 8 条山区营运高速公路共 29 处典型边坡进行了现场调研和回访。

第3章
大别山区营运高速公路边坡状况调研分析

大别山区降雨量大，属于潮湿区，具有季风明显、四季分明、气候温暖湿润、雨季集中、霜期短、日照长、雨量充沛、雨热同期等特点。根据调研线路的分布，大别山区营运高速公路边坡状况的调研，可细分为六安和安庆2个地区的沿线调研。其中，六安地区主要调查了G35六岳（六安至岳西）高速公路沿线的边坡状况；安庆地区主要调查了G35岳潜（岳西至潜山）高速公路沿线和G50高界（高河至界子墩）高速公路沿线的边坡状况。

3.1　六安地区营运高速公路边坡状况

G35即济广（济南至广州）高速公路，是我国国家高速公路网规划中的一条纵线，起于胶东半岛，纵贯华东、华南，直达珠江三角洲，全长2110 km。济广高速公路安徽段纵贯安徽西部地区，途经亳州、阜阳、六安、安庆和池州等地区。G35六岳高速公路是G35济广高速公路安徽境内的一段，位于安徽省西南部，是安徽省穿越大别山腹地的第一条高速公路，也是安徽省"五纵九横"的重要一纵，直接连接G40沪陕（上海至西安）和G4221沪武（上海至武汉）两条国家高速公路，形成了高速公路网的规模效益，并构成了皖西、皖中地区高速公路骨架。其中，六安至岳西（黄尾）高速公路通车时间为2009年12月28日，全长72.287 km。

通过小组讨论，综合管理处专家意见，现场选取了4处调研边坡，分别为K722+000处下行线填方边坡、K730+000处上行线挖方边坡（大别山东互通）、K736+900处下行线填方边坡及K747+059处上行线填方边坡，并于2020年8月对K730+000处上行线挖方边坡（大别山东互通）和K747+059处上行线填方边坡进行了回访调研。

1）K722+000处下行线填方边坡

该边坡段为填方段，原设计为衡重式路肩挡墙，位于下行线往六安方向K721+930～K722+000段，长约70 m，挡墙最大高度11 m，最小高度10 m，基础埋深大于1 m，墙身采用M7.5浆砌片石，对应路基宽度24.5 m，采用沥青混凝土路面，墙脚位于小河沟旁，地势平缓，起伏不大。

据历史钻孔资料，该段墙址地层可分为以下几部分。①亚黏土：黄褐色，软-硬塑，含少量卵石，个别粒径为10～12 cm，层厚为1.1～1.8 m，容许承载力160 kPa。②强风化云母片岩：灰褐色，变晶结构，岩性稍软，容许承载力为600 kPa。③强风化云母片岩：灰白色，灰色夹灰褐色，变晶结构，片状构造，裂隙发育，岩性坚硬，容许承载力为 3000 kPa。该区域地貌类型复杂多样，地下水主要有松散岩类孔隙水、基岩裂隙水和红层孔隙裂隙水 3 类。

2016 年，该段路肩挡墙所处路段路面出现数十米纵向裂缝，裂缝宽度为 3 cm 左右，挡墙外侧临河沟，一般冲刷，路面裂缝位置与河沟冲刷挡墙位置对应。挡墙未见明显外倾，排水孔未见工作痕迹。管养部门对裂缝采取灌缝封闭处理后，裂缝仍有发展，如图 3.1 所示。对裂缝位置取芯至水稳层，裂缝已贯穿面层至水稳基层，裂缝宽度大于 3 cm。

(a) 路面灌缝封闭　　　　　　　　　　(b) 灌缝后仍有发展

图 3.1　K722+000 处下行线路面灌缝处治

原因分析：据原设计图纸，对挡墙抗滑移、抗倾覆以及挡墙墙身应力、基底应力等进行验算，均满足规范要求；而且该段挡墙基础地层岩性为亚黏土，向下为强风化云母片岩，挡墙埋深大于 1 m，已运营 6 年多，显然，挡墙基底承载力能满足设计要求。经进一步分析，本段挡墙病害的主要原因为：①墙后填土为粗细颗粒混填，随着雨水下渗、冲刷，靠近墙背填土中的细颗粒不断流失，路面产生不均匀沉降，进而导致填土黏聚力减小，土体抗剪强度降低，并产生裂缝；②挡墙运营年限较长，排水孔大多堵塞，坡面汇水及路面渗水不断聚集，墙后填土的黏聚力与内摩擦角降低，土压力增大，同时产生水压力作用于墙背；③挡墙基底位于强风化云母片岩，历经 6 年通车检验，整体稳定性较好，但由于外侧临河沟，基底强风化云母片岩可能存在不同程度的软化现象，同时挡墙基础可能存在淘空现象，导致挡墙及墙后路基出现一定程度的不均匀沉降。

上述情况致使路面产生通长裂缝，排水孔堵塞，挡墙基础存在一定程度淘空及不均匀沉降等病害。此外，浆砌片石挡墙存在质量较差的通病，砌筑砂浆不够饱满，片石粒径较小，内部甚至没有砌筑砂浆，墙身抗剪强度低于设计要求，一旦墙后土压力增大，墙身必然出现裂缝、掉块及鼓肚等病害。若遇到暴雨等恶劣天气，墙后土压力与动水压力剧增，挡墙存在突然坍塌的风险。

采取的加固方案：改沟+体外扶壁墙加固+拦水导流小矮墙。①改沟：按原断面（宽度3 m，深1 m），在沟底铺设30 cm砂垫层，上覆卵石层；在对面靠近乡村道路一侧铺砌浆砌片石浸水护坡，顶宽0.5 m，底宽1 m，高1.5 m，总长度约100 m。②体外扶壁墙加固：墙身厚度为1.5 m，墙顶宽度1 m，基础宽度2.1 m，墙趾宽度0.5 m、高度1 m，胸坡坡率1∶0.5，墙顶距原挡墙顶1.5 m；原挡墙沉降缝设置为15 m一道，扶壁墙中心间距5 m一道；扶壁墙基础以上部分分层浇注，每层2 m，层间预埋直径ϕ25 mm钢筋，单根预埋筋长度60 cm。③拦水导流小矮墙：考虑到历年洪水位未超过乡间道路路面高程，取洪水位为沟底以上2 m处；据挡墙地面线高度，相邻两道扶壁墙之间，自扶壁墙顶以下5 m至扶壁墙基础布设拦水导流小矮墙，墙厚0.5 m，矮墙与原挡墙间回填土，每2片扶壁墙间导流矮墙中部设置一道缝宽2 cm的沉降缝，填充沥青麻絮或沥青木板等防水材料。其中：基底摩擦因数$f=0.35$，填料容重$\gamma=19\ kN/m^3$，内摩擦角$\varphi=35°$，填土与墙背间的外摩擦角$\delta=\varphi/2$；扶壁墙采用C20混凝土整体现浇，容重$\gamma=23\ kN/m^3$。

边坡段路面、路基的病害处治如下。①路面病害处治：K721+930～K722+000段共计63 m纵向裂缝，采用铣刨上、中面层，对下面层及水稳裂缝进行沥青灌缝处理，并对路基进行灌浆；然后沿裂缝纵向通长铺设抗裂贴，再重铺6 cm SBS改性AC-20C中面层+4 cm SBS改性AC-13C上面层对病害路面进行处治，并在处治段向两侧各延伸20 m，总长度100 m。②路基病害处治：在纵向裂缝两边布置注浆孔，注浆孔距离裂缝0.3 m，注浆孔间距3.0 m，交叉布置；1号注浆钻孔至路床以下1.5 m，2号注浆钻孔至路床以下3.5 m；注浆管采用直径50 mm的PVC花管，PVC花管上部68 cm内不开孔。

2019年4月，通过实地勘察、专家意见法等方式进行了边坡的当前稳定状况调研，具体如图3.2所示。现场调研显示，该段填方边坡运营至今近10年，图3.2(a)为原填方边坡的衡重式路肩挡墙结构，图3.2(b)为当前路肩挡墙扶壁加固结构。原挡墙沉降缝设置为15 m一道，扶壁墙中心间距为5 m一道。经现场观测，处治加固2年多来，与填方边坡段对应的沥青路面技术状况良好，未出现新的纵向裂缝迹象；挡墙未见外倾迹象，排水孔有明显的工作痕迹；挡墙基底增设的拦水导流小矮墙冲刷痕迹不明显；路肩处表层抹面有轻微剥落现象，系冬季融雪剂的侵蚀作用所致，只需日常巡查其剥落现象有无加剧即可。显然，新处治措施加固后的边坡稳定状态良好。考虑到采用挡墙和扶壁等支护措施加固的边坡发生失稳灾害往往具有突变性，但是又不适宜装设变形监测设备，建议可在设置的沉降缝间粘贴玻璃片等进行动态变形预警监测。鉴于边坡稳定性现场取样试验的典型边坡要求为适宜埋设变形监测设备的填方/挖方边坡、失稳灾害频发的填方/挖方边坡、典型高边坡，所以该边坡未拟定为土体取样点及变形监测点。

2）K730+000处上行线挖方边坡（大别山东互通）

K730+000处上行线挖方边坡位于大别山东互通入口处，为典型的岩质高边坡，最大为六级坡，对应坡率分别为1∶0.5、1∶0.5、1∶0.75、1∶0.75、1∶1.0和1∶1.0，开挖边坡为8 m一级，平台宽度2 m。边坡加固形式均为锚杆框架结合植生袋绿化。边坡段总长208.766 m，最大坡高50 m。

(a) 原衡重式路肩挡墙　　　　　　　　(b) 当前加固扶壁墙

图 3.2　K722+000 处下行线填方边坡

该段边坡地层岩性主要为闪长玢岩，表层、强风化层厚度较大，具体包括：①表层为全风化闪长玢岩，厚度 3 m 左右；②强风化闪长玢岩，厚度 8 m 左右，节理裂隙发育，岩石较破碎。边坡所在区域具有北亚热带湿润季风气候特征。

考虑到岩质边坡的稳定性受开挖深度及风化层厚度等因素控制，可能发生的破坏形式主要为沿风化层滑动或发生楔形体滑塌，且坡顶还设有通信信号塔，故而采用锚杆框架结合锚索框架的加固方案，具体为：一、二、三、六级坡采用锚杆框架加固防护，四、五级坡采用锚索框架加固防护，框架内植生袋植草绿化防护，两端低矮处厚层基材喷播绿化防护。坡顶汇水面积较大，坡顶外 5 m 以上设置截水沟；在每级坡平台设平台截水沟，将坡面汇水排除坡体外；在一、三、五级坡体各设置一排仰斜深层排水孔，排泄地下水和裂隙水；中间低矮处设置几道急流槽，将汇水排出坡体外。

现场调研状况如图 3.3 所示，其中图 3.3(a) 为 2019 年初次调研状况，图 3.3(b) 为 2020 年回访调研状况。可以看出，经历雨季后，当前营运边坡状况良好，无边坡失稳破坏迹象，坡脚处亦无岩屑堆积；框架梁整体较为完好，植株较多且多为矮灌木丛，覆盖率 100%；从 2015 年 5 月通车至今未曾发生失稳病害。

显然，针对该岩质挖方边坡采取锚杆(索)+框架梁+植生袋绿化后的边坡稳定状态良好。考虑到岩质边坡结构面的相关特征、水、扰动及风化等对边坡稳定性都存在直接或间接的影响，且这些边坡内部结构位移等的变化仅通过日常巡查难以发现，建议可考虑在不同级坡体埋设变形监测设备进行动态变形预警监测。

3）K737+900 处下行线填方边坡

该段为填方边坡，高度为 9~10 m，边坡原防护形式为植被防护。本段填料为路线挖方段开挖土石方，主要含花岗岩及其风化产物。地层岩性自上而下分为 2 层：①强风化花

(a) 2019年初次调研状况

(b) 2020年回访调研状况

图 3.3　K730+000 处上行线挖方边坡(大别山东互通)

岗片麻岩,黄褐色,中细粒变晶结构,片麻构造,岩性较软,指甲可划痕,岩石成分为长石、石英及云母,容许承载力为 400~800 kPa;②弱风化花岗片麻岩,灰白色,中细粒变晶结构,片麻状构造,岩性坚硬,裂隙不发育,岩石成分为长石、石英及云母,推荐容许承载力为 2000~3000 kPa。地质构造属于岳西构造带,附近无断裂构造通过,区域稳定性良好。据《中国地震动参数区划图》(GB 18306—2015),本区域地震动峰值加速度分区属于 0.05g,相当于原抗震设防烈度Ⅵ度区。该路段属于Ⅳ$_2$公路自然区划,2015 年水毁致部分边坡段浅层滑塌,采取了矮挡墙+浆砌片石护面墙支护修复。

2019 年 4 月,对该处进行了实地调研,如图 3.4 所示。其中图 3.4(a) 为边坡局部滑塌位置,采用了坡脚矮挡墙+坡面浆砌片石护面墙的处治措施,矮挡墙高度 1.5 m,边坡高度约 8 m。当前护面墙处治段边坡状况良好,没有片石剥落、拱起迹象,整体植被发育,从植被的生长形态来看,暂不存在潜在滑移面迹象。2019 年 5 月,该边坡段又出现一处局部植被防护段滑塌现象,采用坡脚矮挡墙+坡面浆砌片石护面墙支护[图 3.4(b)]。结合实际调查情况,与管养单位交流可知,当前边坡状况稳定,对应沥青路面状况良好,无纵向裂缝发展迹象,坡面也无块体脱落、局部鼓肚、裂缝发育等现象。边坡滑塌病害发生的主要原因在于边坡坡度较陡,坡面植被覆盖多见五节芒,这类植被的根系长度为 30~40 cm,主要扎根于浅层土体,在持续强降雨条件下,极易诱发坡体浅层滑塌。

(a) 局部滑塌位置　　　　　　　　　　　　(b) 护面墙支护

图 3.4　K737+900 处下行线填方边坡

4) K747+059 处上行线填方边坡

K747+059 处上行线填方边坡位于黄尾高速收费口,最大坡高约 20 m,设填方挡墙。该路段位于安徽省安庆市岳西县黄尾镇境内,微地貌单元为中山,附近地势起伏较大;所在区域属北亚热带湿润季风气候,年均降水量为 1153.6~1450 mm。

地层岩性为:①强风化花岗片麻岩,黄褐色,中细粒变晶结构,片麻状构造,岩性较软,指甲可划痕,岩石成分为长石、石英及云母,容许承载力为 400~800 kPa;②弱风化花岗片麻岩,灰白、灰黑色,片麻状构造,岩性坚硬,裂隙不发育,岩石成分为长石、石英及云母,推荐容许承载力为 2000~3000 kPa。挡墙区属于岳西构造带,附近无断裂构造通过,区域稳定性良好。据历史勘察资料,该区域有 2 层地下水,第一层为孔隙潜水,其动态变化与大气降水相关;第二层为基岩裂隙水,水量一般较小,地下水位(稳定)埋深为 0.35~7.10 m。区域地震动峰值加速度分区为 0.05g,即原抗震设防烈度Ⅵ度区,地形起伏不大,地层相对稳定,挡墙处未发现活动断层通过,历史上发生最大地震震级为 6 级,无液化土层。

原边坡支护为浆砌片石衡重式挡墙结构,共 7 片挡墙,每 10 m 一道沉降缝,挡墙基础埋深不一,墙身出露地面线 6.5~7.0 m,墙顶填土高度 8~9 m,坡面拱形防护,坡脚地面起伏不大,挡墙倒角处墙脚地面线距乡道垂直距离最小为 4.6 m;紧临乡道,乡道另一侧有河流分布。

该处边坡建成通车后,运营状况总体较为良好,后期由于乡道的改扩建,破坏了原高速公路填方挡墙坡脚支护,对挡墙自身的稳定性造成一定的影响,进而影响高速公路的运营安全。乡道距填方挡墙最近水平距离仅 2 m，破坏了填方挡墙原坡脚处的稳定性，若不及时加以防护，受暴雨冲刷，填方挡墙有坍塌风险。此外，据揭露的地层岩性可知，该段落覆土不厚，基岩已裸露，挡墙基底承载力较好，但由于乡道的开挖，基岩长时间裸露，表面覆土受暴雨冲刷被带走，容易发生基底掏空，不利于挡墙的整体稳定性。该处全貌如图 3.5 所示。

　　为防止乡道施工时超挖导致既有高速公路挡墙基础不稳定，2018 年对该处进行了专项养护。具体设计为：坡脚防护+坡面封水+坡面排水，即以既有浆砌片石护脚矮墙左端为基准，顺既有乡道坡面修筑锚杆护面墙，与既有高速公路护脚矮墙之间设置 5 m 长的过渡段，修筑长度 45 m，过挡墙倒角 5 m，护面墙出露地表 6 m，于填方挡墙中间低洼位置回填水泥土，坡面挡墙墙顶增设平台截水沟与既有急流槽顺接，完善坡面排水系统；挡墙墙胸坡率1∶0.3；护面墙内布置 2 排锚杆，梅花形布置，入射角为 25°。

图 3.5　K747+059 处下行线填方边坡全貌

　　项目组于 2019 年进行了现场调研，并于 2020 年进行了回访，边坡具体运营状况如图 3.6 所示。可以看出，当前挡墙未见明显的外倾迹象，挡墙基底增设的排水沟较通畅，且沥青路面整体运营状况良好；填方边坡表层可见岩体性质为强风化花岗片麻岩风化产物；但是，挡墙边坡及平台上被当地居民开挖种菜。

　　显然，加固处治措施后的边坡稳定状态总体良好，但是墙体边坡及平台上的开垦行为极易破坏平台的防、排水等防护性能。此外，2020 年 8 月回访时发现，乡道另一侧由于受河流冲刷作用，发生了局部沿岸坡体溜塌。考虑到采用挡墙防护措施的边坡失稳风险概率小，但由于失稳灾害发生往往具有突变性，建议可在边坡平台上设置植生袋绿化，并配套设置防护围栏等措施，既可实现边坡的护坡效果，又可减少圬工工程量；同时应对该边坡及对应路面进行定期巡视。此外，由于临近的 K737+900 处下行线填方边坡小型溜塌现象频发，且岩土体性质相近，但是取土难度较大，故将该路段拟定为土体取样点。

<table>
<tr><td>（a）2019 年调研状况</td><td>（b）2020 年回访状况</td></tr>
</table>

图 3.6　K747+059 处下行线填方边坡

3.2　安庆地区营运高速公路边坡状况

3.2.1　G35 岳潜高速公路

G35 岳潜高速公路起接于岳西县境内的黄尾镇，经道义、来榜、岳西县城，至潜山市境内的野寨，接至 G50 沪渝（上海至重庆）高速公路主干线的高界（高河至界子墩）段；设有黄尾、岳西、天柱山 3 个收费站。线路 80% 以上的路段地处高山之腰，地势陡峭，自然坡度大都为 30°~40°，地形复杂，峰峦叠嶂，沟壑纵横。该路段长年雨水充沛，雨量集中，低温持久，降雨及冰冻期长，建成通车时间为 2009 年 12 月 28 日，路线全长为 78.792 km，采用沥青混凝土路面。

本路段共选取了 4 处调研边坡，分别为 K756+800 处下行线挖方边坡、K762+300 处上行线填方边坡、K765+300 处上行线填方边坡及 K802+000 处下行线挖方边坡，并于 2020 年对 K762+300 处上行线和 K765+300 处上行线 2 处边坡进行了回访。

1）K756+800 处下行线挖方边坡

K756+800 处下行线挖方边坡为岩质高边坡，位于大别山区，群山环绕，峰峦叠嶂，为山岭重丘区。该路段属褶断侵蚀中山地貌类型，微地貌为山脊，山脊两侧为陡坡，边坡自然坡度为 40° 左右，坡面植被发育，植被覆盖率高。本项目区域地震动峰值加速度分区属于 0.05g，相当于原抗震设防烈度为 Ⅵ 度区。

据历史勘探记录，地层岩性自上而下分为 4 层：①素填土，灰色，主要成分为全风化花岗片麻岩及亚黏土，可见少量棱角状碎石，含植物根系，稍湿，松散，分布于局部，层厚 0.5 m，容许承载力 80 kPa；②全风化花岗片麻岩，灰黄色，风化剧烈，岩芯极破碎，呈砂土状，局部夹强风化花岗片麻岩，中密–密实，主要分布于山体表层，层厚为 4.0~16.5 m，容许承载力 300 kPa；③强风化花岗片麻岩，灰黄-肉红色，片麻状构造，主要成分为石英、长石，岩芯破碎呈碎块状，局部短柱状，裂隙发育、密实，层厚 1.5~16.5 m，容许承载力 800 kPa；④弱风化花岗片麻岩，肉红色-灰白色，片麻状构造，主要成分为石英、长石，容许承载力 2500 kPa。

构造节理：该边坡岩体较为破碎，节理裂隙发育，主要有 3 组。①J1 产状为 220°∠78°，2 条/m，节理面较平直，贯通性较强；①J2 产状为 293°∠25°，1 条/m，节理面较平直，贯通性较弱；③J3 产状为 257°∠80°，1 条/m，节理面较平直，贯通性较弱。贯通性较强的 J1 节理与坡面走向相背，岩层倾向为反倾层，故该边坡整体稳定性较高。

该处挖方边坡开挖深度达 28 m，原边坡设计为：一、二级边坡坡率均为 1∶0.5，风化层厚度约 2 m，下伏全风化花岗片麻岩，采用 12 m 分级；第三级边坡坡率 1∶0.75，第四级边坡坡率 1∶1；每级设置 2 m 宽边坡平台；第一、二、三级边坡采用喷混植草防护，挂网后采用喷混植草法喷播绿化，第四级边坡采用三维植被网防护；配套排水设施包括坡脚设排水暗沟+坡顶截水沟+平台排水沟+急流槽。

2016 年，由于特大暴雨洪灾，该处挖方边坡表层溜塌，如图 3.7 所示，滑塌土体为素填土；滑塌最高处为二级坡顶，高度约 24 m，滑塌土体为表层风化层。据现场情况与原地质资料进行失稳分析，其主要原因为：①该处边坡一、二级坡坡率均为 1∶0.5，风化层厚度约 2 m，下伏全风化花岗片麻岩，土石界面为天然滑动面；②特大暴雨时，雨水不断渗入坡体，降雨饱和冲刷、浸泡软化，岩土界面滑动面形成后，产生风化层滑塌。

图 3.7   K756+800 处下行线 2016 年挖方边坡溜塌

采取的边坡加固处治措施为：重力式挡墙+挂网喷混护面墙，一级挡墙高 3 m+砂浆锚杆挂钢筋网喷混高 9 m+二级砂浆锚杆挂钢筋网喷混高 12 m；挡墙及挂网喷混增设仰斜深层排水孔，将原设计暗沟改为明沟；增设波形护栏 70 m，并增设竖向急流槽 1 道，长 30 m；处治总长度约 55 m。

2019 年现场调研状况如图 3.8 所示。可以看出，经处治加固后，仰斜深层排水孔有明显工作痕迹，且坡脚无明显风化剥落碎屑堆积；挡墙及喷混坡面无裂缝迹象，急流槽和挡墙基底的排水沟通畅；坡面整体稳定状况良好。考虑到该边坡段节理与坡面走向相背，岩层为反倾向岩层，故整体稳定性较高。建议做好日常巡检，定期观测。

图 3.8　K756+800 处下行线挖方边坡

2）K762+300 处上行线填方边坡

该边坡路段桩号为 K762+260～K762+400，长约 140 m，最大填高 30 m，为高填方，原设计为四级填方边坡，坡率分别采用 1∶1.5、1∶0.75、1∶2 和 1∶2，坡面采用拱形护坡，在 K762+260 处的四级边坡设置填方挡墙，墙高 7.6～13 m，为衡重式挡墙。主线位于山体北侧，沟壑发育多，高填方段位于两座山体之间，紧邻居民房屋。地层岩性主要由亚黏土层、碎石质亚黏土、全风化花岗岩、强风化花岗岩和弱风化花岗岩组成，自上而下分为：①亚黏土层，不均匀，硬塑，地层厚度为 1.2～2.7 m，容许承载为 120 kPa；②碎石质亚黏土层，不均匀，稍湿，松散中密，含零星碎石，揭露厚度为 1.5～3.6 m，容许承载为 250 kPa；③花岗岩岩层。

2015 年，受暴雨影响，墙体出现鼓肚、渗水现象，并有一段长约 20 m 的挡墙崩塌。经综合分析，挡墙塌方主要是由于该段填方高度较高，土压力和动水压力较大；此外，挡墙墙身浆砌片石质量较差，砂浆不够饱满，空洞较多。

采取坡体修复措施为：塌方段挡墙采用混凝土挡墙进行恢复，之后在原挡墙外侧设置承台基础，并在承台上设置扶壁墙（肋柱）以支撑原挡墙；原排水边沟移至混凝土基础之外，排水边沟尺寸为 100 cm×100 cm 方形，用 C20 混凝土现浇。该边坡调查情况如图 3.9 所示，其中图 3.9(a) 和图 3.9(b) 为 2015 年坍塌边坡处治后状况和 2019 年现场调研状况，图 3.9(c) 和图 3.9(d) 为 2020 年支护结构和路肩状况。

3）K765+300 处上行线填方边坡

该处边坡段为 K765+300～K765+500 上行线，长约 250 m，位于安庆市岳西县老鸭岭隧道口附近，为多级阶梯形填方边坡，紧挨坡脚处有居民住房分布，有 8 年监测历史。地层岩性主要成分为亚黏土及全风化花岗片麻岩。

(a) 2015年坍塌边坡处治后状况

(b) 2019年调研状况

(c) 2020年支护结构状况

(d) 2020年路肩状况

图 3.9   K762+300 处上行线填方边坡

该边坡的最大坡高约 20 m，为二级边坡，一级边坡坡率 1∶1.5，坡高 8 m；二级边坡坡率 1∶1.75；原边坡支护方式为重力式挡墙结构，挡墙最大高度为 13 m，最小高度为 3 m，原设计基础埋深大于 1.5 m，该段路基宽度 24.5 m。挡墙原设计基础位于全风化花岗片麻岩上。

2016 年初，局部挡墙墙身出现纵向裂缝，裂缝右侧伴随鼓肚，挡墙泄水孔堵塞，墙顶未见明显外倾。经分析，出现病害的主要原因为：①浆砌片石挡墙质量较差，砌筑砂浆不够饱满，片石粒径较小，墙身抗剪强度低于设计要求；②本段路基填土较高，土压力较大；③运营年限较长，排水孔大多堵塞，坡面汇水及路面渗水不断聚集，墙后填土黏聚力和内摩擦角降低，土压力增大，同时产生水压力作用于墙背，墙身抗剪强度不足。一旦墙后土压力增大,墙身必然出现裂缝、掉块及鼓肚等病害。随着病害的发展,墙身裂缝继续贯通,墙顶在土压力作用下出现外倾,墙身抗剪强度进一步降低,墙背填土雨水更容易汇集,如遇雨水陡增,挡墙坍塌风险较大。对边坡采取的加固方案:坡脚为衡重式挡墙+扶壁墙加固。

对该边坡于 2019 年、2020 年和 2021 年分别进行了现场调研与回访,具体状况如图 3.10 所示,其中图 3.10(a)为 2019 年现场调研状况,图 3.10(b)为 2020 年边坡回访状况,图 3.10(c)和图 3.10(d)为 2021 年边坡回访调研和对应路面状况回访。可以看出,该多级边坡段植被发育,虽然当前整体稳定性较好,但是对应公路路段左侧紧邻山体,汇水面积较大,当遭遇长时间大暴雨,雨水持续入渗,易导致路基土体自重增加,从而使边坡防护设施受到的侧压力增大,容易诱发坡体变形或损坏,可将该点作为一个变形监测布设点,并与现有埋设监测设备进行对比分析。

(a)2019 年现场调研状况

(b)2020 年边坡回访状况

(c)2021 年边坡回访调研

(d)2021 年对应路面状况回访

图 3.10　K765+300 处上行线填方边坡

4）K802+000 处下行线挖方边坡

该处为挖方高边坡，原边坡防护采用挖方坡脚重力式挡墙，高 6~10 m，上部坡面采用植草防护，最大坡高约 20 m。局部路段采用锚杆框架，长度约 50 m，高 6~8 m。地层岩性主要成分为砂性土及全风化花岗片麻岩。三级边坡，边坡防护长度为 236 m，其中一、二级墙胸坡率 1∶0.2，三级边坡坡率 1∶0.75。

2014 年 7 月 5 日，该地区发生特大暴雨，降雨量超过 200 mm，受雨水冲刷，局部坡面发生塌方现象，较为严重，将部分护面墙冲毁，泥土砂石滑滚至半幅路面，使潜山至六安方向一度交通中断。通过对原设计图纸及现场情况的勘察与分析，该边坡浅层土质均为砂性土，颗粒间无黏聚力，性质松散，在持续降雨作用下，砂性土极易被冲刷侵蚀，边坡稳定性差。

加固处治措施为：每级坡体增设矮挡墙，墙后码砌编织袋填土+坡面喷播植草，增设坡顶截水沟与平台截水沟。2019 年现场调研状况如图 3.11 所示。可以看出，当前该边坡稳定状况良好，挡墙无外倾迹象，排水孔有明显的工作痕迹，植被发育。建议定期观测，以及时发现其变化情况。

图 3.11　K802+000 处下行线挖方边坡

3.2.2　G50 高界高速公路

G50 即沪渝（上海至重庆）高速公路，是重庆向东的出海大通道，贯穿国家东西主干线，是首条真正意义的贯穿"长三角"的高速公路通道。G50 东部起点上海闵行区，途径安徽省境内的芜湖、铜陵、池州和安庆等地区，终点重庆渝北区。高界（高河至界子墩）高速公路是国道主干线 G50 沪渝高速公路的重要组成部分，东连 G4212 合安（合肥至安庆）高速公路，途经安庆市的怀宁、潜山、太湖和宿松，西接湖北黄黄（黄石至黄梅）高速公路；所辖路段为 K569+016~K678+798 段，全长 109.782 km，1999 年 5 月建成通车，2008—2009 年全线改建为沥青混凝土路面；采用双向四车道高速公路标准，设计行车速度 100 km/h；全线设车轴寺、太湖和宿松 3 个收费站，设公岭、王河、太湖和宿松 4 个服务区。区域气候为北亚热带湿润季风气候，降雨有明显的季节变化。

该路段共选取了 3 处调研边坡，分别为 K636+550 处和 K637+350 处上行线挖方边坡及 K652+800 处上行线挖方边坡。

1) K636+550 处和 K637+350 处上行线挖方边坡

这 2 处边坡均为二级挖方边坡，K636+550 处上行线坡高为 8 m，K637+350 处上行线坡高最高为 14 m。地层岩性从上而下分为 3 层：①亚砂土，浅黄色、黄色，硬塑状，局部夹有粉细砂薄层，层位稳定，分布连续，层厚为 2.2~9.6 m，部分区域含粒径 4~20 cm 不等棱角状的风化石块或粒径 0.2~10 cm 不等浑圆状的风化石块，容许承载力为 100~180 kPa；②细砂，黄色，中密，饱和，含有较多的黏性土，偶夹小砾石，粒径 0.5~2.0 cm，局部夹有灰黑色淤泥质亚黏土薄层，该层分布均匀连续，层位稳定，层厚为 0.6~5.1 m，容许承载力为 80~200 kPa；③片麻岩，灰白色-棕红色，主要成分为石英、长石、云母等，由于片麻岩中的云母含量较多，且岩石风化强烈，为强风化层，遇水易软化，推荐容许承载力为 200~600 kPa。

K636+550 处上行线，原设计为二级边坡，浆砌片石护面墙防护，防护高度为（3.5+4）m；一级边坡坡率为 1∶0.5，二级边坡坡率为 1∶0.75，同时对坡顶进行削坡减载。K637+350 处上行线，原设计为二级边坡，浆砌片石护面墙防护，防护高度为（6.0+7.4）m；一级边坡坡率为 1∶0.33，二级边坡坡率为 1∶0.4。

2016 年汛期，受特大暴雨洪灾的影响，K636+550 处上行线挖方边坡局部浆砌片石护面墙从墙脚以上 2 m 处剪出，剪出口以上全部坍塌，坍塌段两侧未见明显病害；K637+350 处上行线挖方边坡局部护面墙从墙脚以上 1 m 处剪出，剪出口以上全部坍塌，分别如图 3.12 和图 3.13 所示。

经分析，原浆砌片石护面墙墙身质量较好，但因运营时间较长，水泥砂浆及片石均出现不同程度风化现象，墙身抗剪能力降低；坍塌段落坡顶沿路线方向纵坡较小甚至存在凹面，易积水，坡顶浆砌片石护坡受植被根系影响，不同程度鼓胀、漏缝，为坡顶积水渗入墙背提供了通道；所在区域遭遇特大暴雨，降雨历时长、强度大、雨量集中，坡顶雨水通过护坡与坡面缝隙及墙面空隙不断汇入护面墙墙背，墙背动水压力剧增，墙身抗剪能力因年久风化出现不同程度下降，无法抵抗墙背土压力及动水压力，受剪破坏进而坍塌。

图 3.12　K636+550 处上行线挖方边坡局部坍塌

图 3.13　K637+350 处上行线挖方边坡局部坍塌

　　K636+550 处上行线挖方边坡风化层较厚，坡脚土压力较大，采取的处治措施为：一级混凝土挡墙(高 3.5 m)+二级浆砌片石护面墙(高 4 m)恢复，二级边坡坡率削坡至 1∶1.25；同时，恢复隔离栅 30 m、路基边沟 30 m 及护栏 30 m 等设施；坡顶外侧设置截水沟 85 m，距坡顶最小距离 5 m，拦截坡顶外侧地表水，并增设急流槽 1 道，斜长约 15 m。

　　K637+350 处上行线挖方边坡护面墙一级坡后风化层较薄，一级坡顶以上风化层相对较厚，二级坡部分岩层揭露，且坡较高，坡率较陡，采取的整治措施为：中间部分一级锚杆挡墙(高 5 m)+砂浆锚杆挂钢筋网喷混(高 7.4 m)；两侧位置二级护面墙采用锚杆框架加固；同时，恢复隔离栅 40 m、路基边沟 40 m、护栏 40 m 等设施；坡顶外侧截水沟修复 40 m，距坡顶最小距离 5 m，拦截坡顶外侧地表水，增设急流槽 1 道，斜长约 15 m。

　　2019 年现场调研状况如图 3.14 所示。显然，整治后的边坡运营状况良好，坡脚排水

(a)K636+550 处上行线边坡状况　　　　(b)K637+350 处上行线边坡状况

图 3.14　K636+550 处和 K637+350 处上行线挖方边坡

沟畅通，坡面未发现局部隆起等破坏迹象，未发现碎屑堆积于坡脚，即采取锚杆挡墙+锚杆喷混护面墙+局部框架锚杆加固措施后的边坡稳定状态良好，坡面没有植被的覆盖，容易观测到局部变形，但是整治坊工量较大，这类方法不便于大范围推广。

2）K652+800 处上行线挖方边坡

该边坡为挖方边坡，最大坡高约 17 m。地层岩性自上而下分为 5 层：①人工填土，呈棕红色，硬塑状态，局部夹植物根系及其腐烂植物，人工修筑水渠时堆积而成，疏松多孔，密实性较差；②黏土，呈棕红色，局部夹亚黏土薄层，分布不均匀，层厚为 1.15~4.10 m，密实度较差，容许承载力 150~180 kPa；③亚黏土夹砂石，灰黄、棕黄色，含铁锰结核，呈硬塑状态，夹 0.2~0.5 cm 的砾石，含量约为 40%，厚度为 1.15~2.60 m，容许承载力 280 kPa；④泥质砂岩，灰绿色，泥质胶结，由于埋藏较浅，受风化作用强烈，为强风化层，遇水易软化，厚度为 8.05~10.10 m，容许承载力 300 kPa；⑤下伏泥质砂岩。

该处边坡原防护类型为浆砌片石护面墙，原设计防护高度（4+4.5+4+4.5）m，四级边坡，坡率 1∶0.5。2016 年发生水毁，护面墙从一级坡顶剪出，剪出口以上全部坍塌，两侧一、二级坡顶均可见明显剪出口，基本贯通。经分析，原浆砌片石护面墙墙身质量较好，但因运营时间较长，水泥砂浆及片石均出现不同程度风化现象，墙身抗剪能力降低；坍塌段落坡顶沿路线方向纵坡较小甚至存在凹面，易积水，坡顶浆砌片石护坡受植被根系影响，不同程度鼓胀、漏缝，为坡顶积水渗入墙背提供了通道；所在区域遭遇特大暴雨，降雨历时长、强度大、雨量集中，坡顶雨水通过护坡与坡面缝隙及墙面空隙不断汇入护面墙墙背，墙背动水压力剧增，墙身抗剪能力因年久风化出现不同程度下降，无法抵抗墙背土压力及动水压力，受剪破坏进而坍塌。

对 K652+724~K652+859 全段护面墙拆除重建，共 135 m 长，采取的养护处治措施为：一级混凝土挡墙 4 m+砂浆锚杆挂钢筋网喷混 13 m，二级削坡至坡率为 1∶0.75；恢复隔离栅 150 m、路基边沟 140 m 及护栏 140 m 等设施；坡顶外侧设置截水沟 150 m，距坡顶最小距离 5 m，拦截坡顶外侧地表水，增设 2 道急流槽，总斜长约 50 m。

图 3.15 为 2019 年边坡现场调研状况。结果显示，当前营运路段边坡状况良好，挡墙和坡面无裂缝、坡面膨胀及坡脚隆起等迹象；挡墙也无外倾迹象，可见排水设施较完好，但是排水孔工作痕迹不明显，坡脚无风化剥落碎屑堆积迹象。建议做好日常巡视，定期观测。

图 3.15　K652+800 处上行线挖方边坡

3.3 大别山区营运高速公路边坡状况统计

综合上述大别山区 3 条营运高速公路 11 处典型边坡状况调研结果，确定各边坡的桩号位置、填挖类型、岩土类型、几何尺寸、支护结构、建养历史及其他情况等统计信息如表3.1 所示。其中，挖方边坡 6 处，填方边坡 5 处；坡高为最大坡高。

3.4 小结

根据制定的安徽省山区营运高速公路边坡状况现场调研基本要求和实施方案，选择大别山区六岳、岳潜和高界 3 条营运高速公路，针对已处治、正在监测、存在潜在失稳风险及局部失稳变形的 4 类典型边坡，开展了现场调研与回访工作。

主要得到以下研究结果和结论：

(1)调研统计了大别山区营运高速公路 11 处典型边坡的桩号位置、填挖类型、岩土类型、几何尺寸、支护结构、建养历史及其他情况等信息。其中，挖方边坡 6 处，填方边坡5 处。

(2)分析了大别山区营运高速公路边坡水毁病害类型、综合加固处治措施及其应用效果，其中边坡的典型水毁病害主要有：土质边坡出现局部浅层冲刷溜塌及填方坡脚或路肩重力式挡墙损坏，岩质边坡出现局部表层风化层溜塌。

(3)典型的综合加固处治措施主要有：增设矮挡墙、扶壁墙或预应力锚杆护面墙加固填方边坡；挖方坡脚矮墙固脚，坡腰护面墙、锚杆挂网喷混或锚杆(索)框架梁束缚。防排水措施包括挖方坡顶截水沟，坡面急流槽、平台排水沟和坡脚边沟，坡体仰斜深层排水孔，以及浸水填方坡脚导流矮墙等；外露岩土坡面多采用植生袋或基材喷播绿化护坡。经处治运营多年后，大部分边坡目前稳定状况整体良好，防排水系统工作正常，坡面植被茂密。

表 3.1　安徽省大别山区营运高速公路边坡状况调研信息统计

地区	名称	序号	桩号位置	填挖类型	岩土类型	几何尺寸	支护结构	建养历史	备注
六安	G35六岳高速公路	1	K722+000处 下行线	填方	亚黏土+强风化云母片岩	坡高：11 m；坡长：70 m；坡率：墙1：0.5	扶壁式墙加固	2016年原衡重式挡墙所在路段现出裂缝，与面出现纵向位置对应；与河沟冲刷位置对应；处治措施：改沟+增设扶壁墙，处治长度100 m	当前防排水及稳定状况良好
		2	K730+000处 上行线（大别山东互通）	挖方	岩质为闪长岩；覆盖层为残积层，强风化花岗岩层厚8 m左右	坡高：50 m；坡长：208.766 m；坡率：一、二级坡1：0.5，三、四级坡1：0.75，五、六级坡1：1.0	锚杆框架+锚索框架+植生袋绿化+植被层两端低缓坡面厚层基材喷播绿化防护	暂无	坡顶截水沟+平台排水沟+仰斜深层排水孔；当前排水状况良好
		3	K737+900处 下行线	填方	花岗岩及其风化产物	坡高：10 m；坡长：30 m；坡率：1：1.5	矮挡墙+挂网喷混植草	原为生态防护，2015年水毁；处治措施：矮挡墙+挂网喷混植草，处治长度10 m	典型处治措施；当前稳定状况良好
		4	K747+059处 上行线	填方	上层为强风化花岗片麻岩；下层为弱风化花岗片麻岩	坡高：20 m；坡长：45 m；坡率：土质边坡1：1.5，墙胸1：0.3	锚杆护面墙+水泥土回填，硬化封闭+平台截水沟	2018年，设置锚杆护面墙，挡墙坡脚卸载，处治长45 m	取土点；当前稳定状况较好
安庆	G35岳潜高速公路	5	K756+800处 上行线	挖方	亚黏土+全风化花岗片麻岩+强风化花岗片麻岩+弱风化花岗片麻岩	坡高：30 m；坡长：140 m；坡率：一、二级坡1：0.75，三级坡1：0.9，四级坡1：1.0	重力式挡墙+挂网喷混	2016年二级边坡风化层滑塌；处治措施：重力式挡墙+挂网喷混坡护面墙，处治长度55 m	仰斜深层排水孔+急流槽+边沟明沟；当前防排水及稳定状况良好
		6	K762+300处 上行线	填方	亚黏土+碎石质亚黏土+花岗岩	坡高：30 m；坡长：150 m；坡率：一级坡1：1.5，二级坡1：0.75，三、四级坡1：2.0	混凝土挡墙+承台+扶壁墙	原为衡重式挡墙+拱形护坡+生态绿化；2015年，一段20 m长挡墙崩塌；处治措施：挡墙+扶壁墙，处治长度50 m	取土点；当前稳定状况良好

续表 3.1

地区	名称	序号	桩号位置	填挖类型	岩土类型	几何尺寸	支护结构	建养历史	备注
安庆	G35岳潜高速公路	7	K765+300处 上行线	填方	砂性土	坡高：20 m 坡长：200 m 坡率：一级坡 1:1.5，二级坡 1:1.75	护面墙+植被	暂无	8年监测历史，初拟为变形监测点；当前稳定状况较好
		8	K802+000处 下行线	挖方	亚黏土+全风化花岗片麻岩	坡高：19 m 坡长：250 m 坡率：一、二级坡胸 1:0.2，三级坡 1:0.75	混凝土挡墙+锚杆+挂网喷植植防护	2016年中部大面积塌方，局部挖方墙损坏，两侧局部边坡损坏，挖方墙未损坏；处治措施：增设矮挡墙	当前稳定状况良好
安庆	G50高界高速公路	9	K636+550处 上行线	挖方	上部为第四系全新统冲击层：亚黏土+细砂；下部为太古界：桥岭组：片麻岩	坡高：8 m 坡长：120 m 坡率：一级坡 1:0.5，二级坡 1:1.25	一级混凝土挡墙+二级浆砌片石护面墙	2016年护面墙局部坍塌；处治措施：增设挡土墙，处治长度30 m	当前防排水及稳定状况良好
		10	K637+350处 上行线	挖方	上部为第四系全新统冲击层：亚黏土+细砂；下部为太古界：桥岭组：片麻岩	坡高：14 m 坡长：150 m 坡率：一级坡 1:0.33，二级坡 1:0.4	一级锚杆挡墙挂钢筋网喷混；二级护面墙+锚杆框架加固	2016年水毁，中部塌方；处治措施：增设锚杆挡墙，锚杆架梁，处治长度40 m	当前稳定状况良好
		11	K652+800处 上行线	挖方	人工填土+亚黏土夹砂石+泥质砂岩	坡高：17 m 坡长：140 m 坡率：一级坡 1:0.5，二、四级坡 1:0.75，三级坡 1:0.5	一级混凝土挡墙+砂浆锚杆挂网喷混	2016年水毁；处治措施：混凝土挡墙+砂浆锚杆挂网喷混	当前稳定状况良好

第 4 章
皖南山区营运高速公路边坡状况调研分析

皖南山区位于安徽省长江以南,东南与浙江相接,西南和江西相邻,北以沿江丘陵平原为界,地带性土壤以红壤为主;降雨充沛,大多集中在每年的 5 月至 8 月。皖南山区营运高速公路边坡状况的调研,根据调研线路的分布,可细分为黄山和池州 2 个地区的沿线调研。其中,黄山地区主要调查了 G3 汤屯(汤口至屯溪)高速公路、G3 铜汤(铜陵至汤口)高速公路和 S42 黄祁(黄山至祁门)高速公路的边坡状况;池州地区主要调查了 G50 铜池(铜陵至池州)高速公路和 S27 安东(安庆至东至)高速公路的边坡状况。

4.1 黄山地区营运高速公路边坡状况

4.1.1 G3 汤屯高速公路

G3 为京台(北京至台北)高速公路,是国家高速公路网规划中的一条北京放射线,是"十三五"现代综合交通运输体系发展规划中的一条国家主干线高速公路,位于安徽省的主要控制点包括宿州、蚌埠、合肥、铜陵和黄山等地区。汤屯(汤口至屯溪)高速公路,是国家高速公路网"7 条北京放射线、11 条南北纵线、18 条东西横线"(简称"71118"线)中 G3 京台高速公路和 G56 杭瑞(杭州至瑞丽)高速公路的重要组成部分,是安徽省公路主骨架中的"二纵",也是连接"两山一湖"(黄山、九华山、太平湖)旅游的交通要道及"黄山-衢州-南平"与"黄山-千岛湖-武夷山"大旅游路线的重要组成部分。汤屯、铜汤(铜陵至汤口)高速公路对构建国家高速公路网,完善国家及区域路网整体结构,提高通达程度,全面促进和谐社会、国家及地区协调快速发展,全面提升周边区域旅游经济,加强国防建设等,都具有极其重大而深远的意义。汤屯高速公路全长 56.45 km,桥隧比高达 50%,仅隧道就有 21 座,于 2007 年 9 月 28 日建成通车。

2019 年进行现场调研时,该路段选取了 2 处调研边坡,即 K1300+000 处上行线挖方边坡与下行线填方边坡(汤口互通),并于 2020 年进行了回访。

1) K1300+000 处上行线挖方边坡

汤屯高速公路 K1300+000 处上行线为岩质挖方边坡,多级阶梯式边坡,坡高约 15 m,坡率 1:1。地层岩性为:①碎石土,黄褐色,中密,骨架以粉砂岩为主,由粉砂岩风化残坡积而成,厚度约 3 m;②强风化粉砂岩,青灰色,岩性硬,破碎,呈碎石-碎块状,节理、裂隙发育,节理面上多见红褐色铁锈;③弱风化粉砂岩,青灰色,岩性坚硬,较完整,呈块状,节理发育。该处地形地貌为构造侵蚀中山区,地形起伏不大,岩层产状为 70°∠40°。

沿线气候类型为北亚热带湿润季风性气候区,区内雨水充沛、光照充足、雨热同期、无霜期长、多年平均降雨量约 1870 mm,全年降雨一般在 120 天左右;地下水属潜水类型,稳定水位埋深 1.3 m,据历史水质分析报告,对混凝土无腐蚀性。

基于场地内无区域性断裂等不良地质体,场地地基稳定性较好,采取的边坡支护设计方案为锚杆式框架梁+植草防护。2019 年进行了现场调研,并于 2020 年雨季进行了回访,如图 4.1 所示,其中图 4.1(d)处设有高边坡监测设备。该挖方边坡营运至今未发生过失稳病害,由于坡面植被茂密,无法直接观测到坡面局部状况,从植株生长态势推断,当前坡体状况较为稳定,但是植株的持续生长会对边坡的浅层稳定性造成一定的影响,建议定期对高大植株进行修剪、砍伐。根据现场取样试验的要求,该路段挖方坡表覆层为碎石土,初步拟定为土体取样点。

2)K1300+000 处下行线填方边坡(汤口互通)

K1300+000 处下行线填方边坡一侧沿山坡坡脚设置,地质构造为侵蚀中山区,地势平缓,起伏不大。据钻孔资料,该段墙址地层可分为:①碎石土,黄褐色,中密,骨架以粉砂岩为主,由粉砂岩风化残坡积而成,厚度约 3 m,容许承载力 500 kPa;②强风化粉砂岩,青灰色,岩性硬,破碎,呈碎石-碎块状,节理、裂隙发育,节理面上多见红褐色铁锈,容许承载力 800 kPa;③弱风化粉砂岩,青灰色,矿物成分为长石,岩性坚硬,较完整,呈块状,节理发育,容许承载力 2000 kPa。

该段为重力式路肩挡墙,挡墙最大高度约 17 m,最小高度为 6 m,基础埋深大于 2 m,墙身采用 M7.5 浆砌片石,该段路基宽度 9~12 m,采用沥青混凝土路面。2016 年 2 月,该段右侧挡墙墙顶外倾约 3 cm,挡墙墙身未见明显裂缝及鼓肚,挡墙排水孔未见工作痕迹。

经分析,该段挡墙墙基表层一般为碎石土,承载力较高,其下为强风化粉砂岩,经验算挡墙基底承载力能满足设计要求,且该段挡墙历经近 8 年的通车检验,未发生路基整体滑移,显然陡坡路基自身整体稳定性较高。综合现场情况,挡墙病害主要原因为:①墙后填土粗细颗粒混填,随着雨水下渗、冲刷,靠近墙背填土中的细颗粒不断流失,靠近墙背一侧路面不均匀沉降,导致路面与墙背产生缝隙,细颗粒流失的同时造成填土黏聚力降低、土体抗剪强度降低;②挡墙运营年限较长,排水孔大多堵塞,坡面汇水及路面渗水不断聚集,墙后填土黏聚力和内摩擦角降低,同时由于该段挡墙高度较高,土压力较大,填土含水率上升,同时产生水压力作用于墙背,导致墙顶出现外倾。综上,路基填土较高,排水孔堵塞,墙后土压力较大,填土细颗粒流失,黏聚力降低,土体抗剪强度降低,一旦遇到暴雨等恶劣天气,墙后土压力与动水压力剧增,挡墙存在突然坍塌的风险。

考虑到该段局部挡墙与主线混凝土护栏距离仅 32 cm,施工空间受限,采取的处治措施为预应力锚杆网格梁加固,并在沉降缝间粘贴玻璃片进行挡墙动态变化监测;处治长度约 60 m,预应力锚杆网格梁外立面坡率 1∶0.25,在网格梁后铺设一层 30 cm 厚的砂砾反滤层。

2019 年进行了该边坡的现场调研,并于 2020 年进行了回访,具体状况如图 4.2 所示。沉降缝间粘贴的玻璃片完好,未出现断裂现象;挡墙状况良好,墙面没有鼓肚、脱块等迹

(a) 2019年调研状况

(b) 2020年回访状况1

(c) 2020年回访状况2

(d) 高边坡监测设备

图 4.1　K1300+000 处上行线挖方边坡

象；对应沥青路面未出现纵向裂缝发展痕迹，路肩也无沉降、裂缝等病害，故建议在日常巡视中加强注意观察。

(a) 2019年调研状况　　　　　　　　　　(b) 2020年回访状况

图 4.2　K1300+000 处下行线填方边坡

4.1.2　G3 铜汤高速公路

铜汤（铜陵至汤口）高速公路，北起铜陵长江大桥南岸庐铜（庐江至铜陵）高速公路终点，南至黄山风景名胜区附近的三岔村，属于 G3 京台高速公路的重要组成部分，全长 116.115 km，于 2007 年 9 月 28 日建成通车。其中，平原微丘区铜陵至杨梅村段长约 57 km，设计车速 100 km/h；山岭重丘区杨梅村至汤口段约 59 km，设计车速 80 km/h。

该路段在 2019 年现场调研时选取了 3 处调研边坡，分别为 K1342+000 处上行线填方边坡、K1377+150 处上行线填方边坡及 K1369+500 处下行线挖方边坡（龙瀑隧道口），并于 2020 年对这 3 处边坡进行了雨季回访。

1）K1342+000 处上行线填方边坡

该填方边坡路段为 K1341+918～K1342+048 上行线，其地层岩性为：①全风化泥质砂岩，呈棕红色，原岩结构，构造完全被破坏，手捏易碎，呈砂状，层厚约 2 m，容许承载力为 320 kPa；②全风化泥质砂岩，棕红色，岩质软，岩体破碎，呈碎石-碎块状，节理、裂隙发育，节理面上多见红褐色铁锈，容许承载力为 500 kPa；③全风化泥质砂岩，棕红色，岩质较软，岩体较完整，呈块状，节理发育，容许承载力为 1000 kPa。

填方边坡支护结构原设计采用衡重式路肩挡墙，最大高度约 13 m，最小高度约 6 m，基础埋深大于 1 m；该段路基宽度 24.5 m，采用沥青混凝土路面，挡墙外侧为池塘。2016 年 2 月，该段路肩挡墙所在路段沥青路面出现贯穿整个挡墙的通长纵缝，挡墙外侧为池塘，无冲刷。

经分析，该段挡墙墙基表层为全风化泥质砂岩，层厚约 2 m，其下为全风化泥质砂岩，且该段挡墙历经近 8 年的通车检验，显然，挡墙基底承载力能满足设计要求。综合现场情况分析，挡墙发生病害的主要原因为：①墙后填土粗细颗粒混填，随着雨水下渗、冲刷，靠近墙背填土中的细颗粒不断流失，路面不均匀沉降，进而导致填土黏聚力降低，土体抗剪强度降低，并产生裂缝；②挡墙运营年限较长，排水孔大多堵塞，坡面汇水及路面渗水不断聚集，墙后填土黏聚力和内摩擦角降低，土压力增大，同时产生水压力作用于墙背；③挡墙基底为全风化泥质砂岩，整体稳定性较好，但由于外侧临池塘，基底全风化泥质砂岩可能存在不同程度的软化现象，导致挡墙及墙后路基出现一定程度的不均匀沉降。综上，路面产生通长裂缝，排水孔堵塞，并可能存在不均匀沉降，考虑到浆砌片石挡墙存在质量较差通病，砌筑砂浆不够饱满，片石粒径较小，内部甚至没有砌筑砂浆，墙身抗剪强度低于设计要求，一旦墙后土压力增大，墙身必然出现裂缝、掉块及鼓肚等病害。遇到暴雨等恶劣天气时，墙后土压力与动水压力剧增，挡墙存在突然坍塌的风险。

采取的整治措施为扶壁墙加固处治，扶壁墙中心距为 5 m，处治长度约 120 m，扶壁墙高度约 7 m，外立面胸坡坡率 1∶0.5，底面往内侧倾斜，墙底坡率 1∶10。

2019 年现场调研与 2020 年回访状况如图 4.3 所示。可以看出，当前采用的路肩边坡支护形式为扶壁墙+衡重式浆砌片石挡墙，挡墙与扶壁墙外立面无鼓肚、掉块等现象。但是，2019 年现场调研发现，路肩与沥青路面连接处局部脱块，据对应路段管理处的专家分析，是冬季除雪时残留融雪剂导致的表层混凝土破坏，考虑到路基基层为泥质砂岩，渗水、排水性能较弱，建议及时进行封缝处治；2020 年回访调研发现，路肩连接处裂缝持续发展，且对应路面不均匀沉降明显，如图 4.3(d) 所示，建议对该边坡进一步开展变形发展趋势的观察分析，并在日常养护巡视中注意检查。

2）K1377+150 处上行线填方边坡

K1377+150 处上行线填方边坡沿线地貌为构造侵蚀中山与低山区，地势平缓，起伏不大，处于湿润的北亚热带季风气候带，年均降雨量 1500~1700 mm，每年 5—6 月为"梅雨"季节，6 月降雨量最大，其余月份降雨量较为均衡，最冷月平均气温 3~4℃。墙址区地下水主要为第四系孔隙水和基岩裂隙水，地下水补给来源主要为大气降水，地下水稳定水位 3 m 左右，场地水文地质条件简单。

地层岩性为：①碎石土，黄褐色，稍湿、稍密，呈碎石-次棱角状，粒径 2~10 cm，母岩成分为花岗岩，填充物为亚黏土，厚度约 5 m，容许承载力 500 kPa；②强风化花岗岩，浅肉红色，大部分原岩结构、构造已被破坏，节理裂隙极其发育，节理面可见铁锰氧化物薄膜，易碎，岩芯呈碎石状，容许承载力 1000 kPa；③强风化花岗岩，浅肉红色，斑状结构、块状构造，主要矿物成分为长石、石英，裂隙发育，局部节理面可见铁锰氧化物薄膜，岩质坚硬，容许承载力 2500 kPa。

该填方边坡路肩挡墙沿山坡坡脚设置，地势平缓，起伏不大，全长 290 m，为衡重式路肩挡墙，挡墙最大高度约 15 m，最小为 8 m，路基左侧临山体，右侧为村村通水泥路，路边零星分布有民房。2015 年 3 月相关管理部门发现该段道路路面存在纵向裂缝，及时进行了封缝处治，该裂缝位于高填方行车道位置，对挡墙检查未发现位移变化、变形及开裂等病害；同年 5 月汛期以来，巡查发现该段路面纵向裂缝在进一步发展，至 6 月初发现封缝处治的裂缝基本已经开裂，且又新增了 2 道裂缝，再次封缝处治后，检查挡墙仍未发现异样；6 月下旬发现部分挡墙基础上端发生了小范围鼓肚，局部出现浆砌片石脱落；由于连续暴

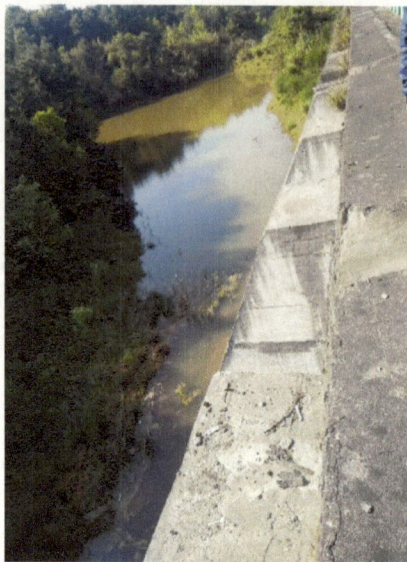

(a) 2019年扶壁墙状况

(b) 2019年路肩状况

(c) 2020年回访状况

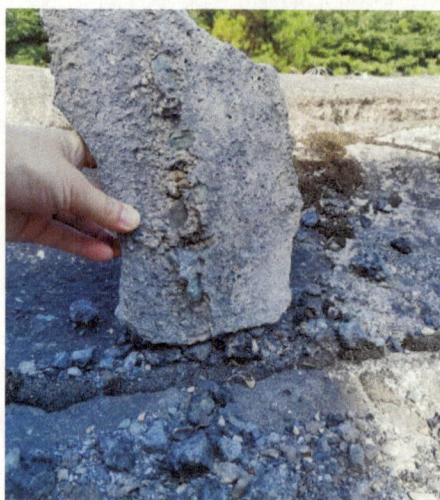

(d) 2020年路肩状况

图 4.3　K1342+000 处上行线填方边坡

雨,该路段 K1377+161~K1377+200 发生了路基及挡墙塌方,长度约 39 m,塌腔陡峭。路基填料为碎石土、片块石混填、密实,塌方后缘路面发育 2 道纵向弧形裂缝,裂缝宽 1~2 cm。

　　结合现场勘察分析,该段地层岩性为钾长花岗岩,表层为第四系全新统残坡积、冲洪积亚黏土和砂砾卵石层,墙基表层一般为碎石土,承载力较高,其下为强风化钾长花岗岩,挡墙基底承载力满足设计要求;挡墙外侧不受水流直接冲刷影响。考虑到原设计挡墙历经 7 年的通车检验,挡墙倒塌后并未发生路基整体滑移,显然路基自身整体稳定性较高。由于该段路基填土较高,纵向裂缝产生原因应为不均匀沉降,虽然采用沥青灌缝,但难免后期雨水入渗。同时,山坡面汇水及路面雨水的持续下渗,导致路基内部含水率上升,土压力进一步增加,加之挡墙采用不规则片石,粒径较小,形态较松散,填充砂浆较少或无砂浆，孔隙较大，进一步降低了挡墙截面抗剪能力，导致挡墙先行出现鼓肚、掉块，最终截面破坏，推倒挡墙，诱发路基坍塌。

采取的处治措施为：路基回填+挡墙恢复+扶壁结构支挡，对挡墙倒塌段清渣回填、分层填筑压实；采用 C25 重力式锚杆路肩墙，每 10 m 设置 1 道沉降缝，墙后采用水稳碎石回填；临近挡墙倒塌段及修复段对其外侧采用扶壁墙进行支护。2016 年，考虑到路基左侧临山，并且有 2 处山洼，雨水容易汇集，为防止雨水通过路基渗入挡墙填土，在下行线K1377+042～K1377+252 段土路肩外侧增设了排水明沟，提高本路段排水能力。

2019 年现场调研与 2020 年回访状况如图 4.4 所示。可以看出，边坡当前状况良好，对应沥青路面无异常变化，坡趾未发现明显的冲刷现象，排水沟运行正常，坡面未发现鼓肚、裂缝迹象，但是泄水孔工作痕迹不明显，建议定期察看是否有堵塞，如有堵塞，应及时疏通；如无法疏通，应另行选择适当位置增设排水孔，或在墙背沿挡墙增设墙后排水设施，将水流引出路基，以防止墙后积水引起的土压力增加或冻胀。此外，挡墙+扶壁墙是黄山管理处管辖区内的典型填方边坡加固处治方式。

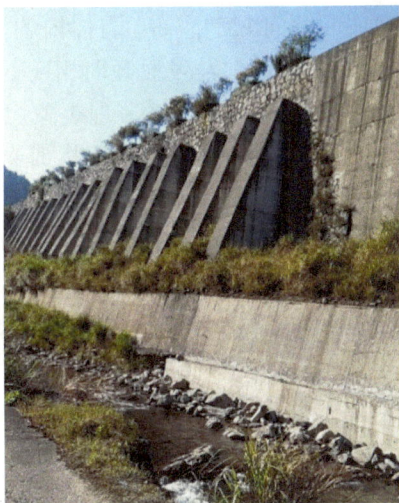

(a) 2019 年现场调研状况　　　　　　　(b) 2020 年回访状况

图 4.4　K1377+150 处上行线填方边坡

3）K1369+500 处下行线挖方边坡（龙瀑隧道口）

黄塔桃（黄山至塔岭和小贺至桃林）段龙瀑隧道口处边坡为半挖式挖方边坡，最大坡高约 11 m。根据《公路工程地质勘察规范》（JTG C20—2011），地层岩性可分为：①全风化钾长花岗岩，厚为 0.5～3.3 m，灰黄色，原岩结构构造基本破坏，风化成土状、砂状、强度低，容许承载力 300 kPa，属硬土，土石等级Ⅲ级；②强风化钾长花岗岩，厚为 0.4～1.8 m，灰黄色，原岩结构构造大部分破坏，风化成碎石状，主要矿物成分为长石、石英及少量暗色矿物，容许承载力为 500 kPa，属软岩石，土石等级Ⅳ级；③弱风化钾长花岗岩，肉红色，斑状结构，块状构造，节理裂隙发育，强度较高，容许承载力 2000 kPa，属坚石，土石等级为Ⅵ级；④微风化钾长花岗岩，肉红色，斑状结构，块状构造，岩体完整，容许承载力为 4000 kPa，属坚石，土石等级Ⅵ级。

　　沿线地貌属构造剥蚀低中山峡谷地貌，沟谷呈现"V"形；地形总体东高西低，沿线路轴线地面高程相对高差较大，地形起伏大，区内沟谷地带植被覆盖率较高。地质构造简单，新构造运动不明显，未发现明显的断裂构造；主要发育有如下 3 组节理。①J_1 产状 40°∠65°，紧闭，节理面平直，无充填，延展 5 m 以上，3 条/m；②J_2 产状 156°∠75°，紧闭，节理面平直，无充填，延展 2~3 m，3 条/m；③J_3 产状 87°∠65°，紧闭，节理面平直，无充填，延展 4~5 m，3~4 条/m。

　　该区域地下水主要为基岩裂隙水，由于地形起伏较大，基岩裂隙水不发育；区域内地震频率小，未见破坏性地震，地震强度也较小，绝大多数地震震级为 1~3 级，属于轻震区，根据《中国地震动参数区划图》(GB 18306—2015)，区域地震峰值加速度为 0.05 g，地震基本烈度Ⅵ度。沿线气候四季分明，冬寒夏热，春秋温和，气候温和，雨量充沛，全年降雨天数一般为 20~180 d，降雨多集中在 4—7 月，其中 6、7 月降雨最为集中，灾害性天气较为频繁，降雨强度大，降雨持续时间长，容易发生暴雨，从而引发滑坡等地质灾害。

　　据历史勘察等相关资料可知，全风化花岗岩的内摩擦角 φ 为 31°~35°，承载力 300 kPa 左右，强风化花岗岩的内摩擦角 φ>40°，承载力大于 500 kPa。边坡开挖后，坡面岩体主要为全–强风化钾长花岗岩，边坡岩体类型属于Ⅲ~Ⅳ，坡面倾向 225° 左右，岩体内 J_2 于坡面倾向成大角度相交，J_1 和 J_3 与坡面倾向相反，结构面组合线倾向与坡面倾向相反，各组节理倾角均大于坡面坡率，故边坡为稳定结构。但由于坡面强风化岩体被节理裂隙切割成碎块状、碎石状，坡面容易产生掉块或崩塌。在地表水下渗影响下，坡面破坏将加剧，从而影响边坡的稳定，故而采取锚杆锚固+挂网+喷播绿化的防护措施。

　　2019 年现场调研与 2020 年回访状况如图 4.5 所示。可以看出，边坡当前状况良好，未发现明显的冲刷现象。该隧道口边坡段原埋设有边坡监测设备，但是由于各种条件限制，现已废弃。该边坡形式比较特殊，可考虑基于改进的目的，配合埋设新型监测设备，加强对其安全性能的监控预警。

(a) 2019 年现场调研状况　　　　　　　(b) 2020 年回访状况

图 4.5　K1369+500 处下行线挖方边坡

4.1.3　S42 黄祁高速公路

S42 黄祁(黄山至祁门)高速公路起于黄山市城西休宁县长岭枢纽互通,连接 G3 京台高速公路、G56 杭瑞高速公路,终至皖赣两省交界处的良禾口;在江西省境内接 G35 济广高速公路。黄祁高速公路路线途经黄山市屯溪区、休宁县、黟县和祁门县,全长 102.978 km,全线按照四车道高速公路标准建设,路基宽 26 m,设计车速 80～100 km/h,于 2013 年 12 月 30 日建成通车,以生态护坡为主。黄祁高速公路边坡典型的支护处治形式为挡土墙+扶壁墙加固处治。

该路段在 2019 年调研时选取了 5 处调研边坡,分别为 K70+500 处下行线填方边坡、K70+850 处上行线填方边坡、K72+980 处下行线填方边坡、K86+850 处下行线填方边坡及 K13+400 处下行线挖方边坡。2020 年,对 K70+850 处上行线、K86+850 处下行线及 K13+400 处下行线 3 个边坡进行了回访,并补充调研了 K61+700 处上行线挖方边坡和 K69+100 处上行线挖方边坡。

1) K70+500 处下行线填方边坡

黄祁高速公路建成营运时间相对较短,K70+500 处下行线填方边坡最大坡高约 11 m。原边坡支护设计为浆砌片石衡重式挡墙,砌筑高度为地面线以上 4.5～5.0 m,墙顶以上填土高度约 6 m,植草防护。挡墙坡脚地势平缓,起伏不大;挡墙外侧为 S326 省道。

2016 年,该边坡发生了水毁失稳破坏,病害路段总长约 80 m,对应沥青路面出现通长纵向裂缝,病害段挡墙墙脚距省道路基边沟最小距离为 4.9 m。

经分析,挡墙病害的主要原因为:①该处为陡坡填方挡墙,且存在一定程度鼓肚现象,对应段落路面出现纵向裂缝,裂缝两侧出现不同程度错台现象,且路面裂缝已经向弧形破裂面发展;②墙后填土粗细颗粒混填,随着雨水下渗、冲刷,靠近墙背填土中的细颗粒不断流失,也会导致路面不均匀沉降,并产生裂缝,细颗粒流失的同时造成填土黏聚力降低,土体抗剪强度降低;③挡墙运营年限较长,排水孔大多堵塞,坡面汇水及路面渗水不断聚集,墙后填土黏聚力和内摩擦角降低,土压力增大,同时产生水压力作用于墙背。

综上,陡坡填方挡墙,土压力及水平推力较大,导致路面产生通长裂缝,排水孔堵塞,考虑到浆砌片石挡墙存在质量较差通病,砌筑砂浆不够饱满,片石粒径较小,内部甚至没有砌筑砂浆,墙身抗剪强度低于设计要求,一旦墙后土压力增大,墙身必然出现裂缝、掉块及鼓肚等病害。遇到暴雨等恶劣天气,墙后土压力与动水压力剧增,形成滑动面,挡墙存在突然崩塌风险。采取的处治措施为扶壁墙加固,扶壁墙顶高与原挡墙齐平,每隔 3.33 m 设置 1 道,厚度 1 m,基础埋深 2 m,墙面坡率 1:0.75;对原路基排水边沟进行重建,确保线形平顺,排水通畅。

2019 年现场调研状况如图 4.6 所示。可以看出,当前沥青路面运营状况良好,未发生纵向裂缝迹象;挡墙也未见明显的外倾迹象,挡墙墙面未发现勾缝脱落、墙身开裂、鼓肚等病害,故从定性评估的角度来看,处治后的边坡稳定状态良好。考虑到采用重力式挡墙和扶壁墙等刚性墙体支护措施的边坡发生失稳灾害时往往具有突变性,建议对该边坡进行定期观测,查看其对应路面状况、路肩处是否有裂缝迹象等,从而及时进行养护处治。

图 4.6　K70+500 处下行线填方边坡

2) K70+850 处上行线填方边坡

K70+850 处上行线填方边坡，最大坡高约 11 m。边坡原支护结构为衡重式挡墙，挡墙外侧为 S326 省道。地层岩性主要为碎石土；沿线地形地貌为低丘，地势平缓，起伏不大。

该段挡墙为浆砌片石重力式填方挡墙，砌筑高度为地面线以上 7.5～8 m，墙顶以上填土高度约 3 m。2013 年，对应路段的沥青路面出现通长纵向裂缝，采取处治措施为灌缝处治。2015 年，巡查发现裂缝持续发展，伴随 2 cm 左、右错台，且已呈圆弧状；墙顶轻微外倾，挡墙墙面勾缝脱落、墙身开裂、鼓肚，排水孔未见工作痕迹；病害路段长度约 70 m，病害路段挡墙墙脚距省道路基边沟为 1.71～3.13 m。

经分析，挡墙病害的主要原因为：①该处为陡坡填方挡墙，且存在一定程度鼓肚现象，对应段落路面出现纵向裂缝，裂缝两侧出现不同程度错台现象，且路面裂缝已经向弧形破裂面发展；②墙后填土粗细颗粒混填，随着雨水下渗、冲刷，靠近墙背填土中的细颗粒不断流失，也会导致路面不均匀沉降，并产生裂缝，细颗粒流失同时造成填土黏聚力降低，土体抗剪强度降低；③挡墙运营年限较长，排水孔大多堵塞，坡面汇水及路面渗水不断聚集，墙后填土黏聚力和内摩擦角降低，土压力增大，同时产生水压力作用于墙背。

综上，陡坡填方挡墙，土压力及水平推力较大，导致路面产生通长裂缝，排水孔堵塞，考虑到浆砌片石挡墙存在质量较差通病，砌筑砂浆不够饱满，片石粒径较小，内部甚至没有砌筑砂浆，墙身抗剪强度低于设计要求，一旦墙后土压力增大，墙身必然出现裂缝、掉块及鼓肚等病害。遇到暴雨等恶劣天气，墙后土压力与动水压力剧增，形成滑动面，挡墙存在突然崩塌风险。根据墙脚空间情况，采取处治措施为微型钢管桩联合扶壁墙加固，处治长度约 140 m。

2019 年现场调研与 2020 年回访状况如图 4.7 所示。可以看出，当前沥青路面运营状况良好，未见纵向裂缝迹象；挡墙未见明显的外倾迹象，挡墙墙面未发现勾缝脱落、墙身开裂、鼓肚等病害，但排水孔工作痕迹不太明显。可见，微型钢管桩联合扶壁墙加固处治后的边坡稳定状态良好。考虑到采用刚性支护措施的边坡发生失稳灾害时具有突变性，建议对该边坡进行定期观测，查看其对应路面状况、路肩处是否有开裂迹象等，及时进行养护处治。这类边坡破坏形式在黄祁高速公路边坡失稳表现中较为典型，并采取了较为新颖的微型钢管桩联合扶壁墙处治方案，故将此边坡段拟定为取土边坡点。

(a) 2019 年现场调研状况　　　　　　　　(b) 2020 年回访状况

图 4.7　K70+850 处上行线填方边坡

3）K72+980 处下行线填方边坡

K72+980 处下行线填方边坡，最大坡高约 13 m，边坡长度约 70 m。原边坡支护方式为重力式填方挡墙，砌筑高度为地面线以上 4～6 m，墙顶以上填土高度约 7 m，坡脚处设有边沟，边沟外为省道 S326；局部路段有民宅和村道。地形地貌为低丘，坡脚地势平缓，起伏不大。

2018 年，该边坡段发生水毁病害，病害段落总长度 65 m，对应沥青路面出现通长纵向裂缝，且已呈圆弧状；挡墙墙面勾缝脱落、墙身开裂、鼓肚，排水孔未见工作痕迹。经分析，挡墙病害的主要原因为：①该处为陡坡填方挡墙，挡墙存在一定程度鼓肚现象，对应段落路面出现纵向裂缝，裂缝两侧出现不同程度错台现象，且路面裂缝已经向弧形破裂面发展；②墙后填土粗细颗粒混填，随着雨水下渗、冲刷，靠近墙背填土中的细颗粒不断流失，也会导致路面不均匀沉降，并产生裂缝，细颗粒流失同时造成填土黏聚力降低，土体抗剪强度降低；③挡墙运营年限较长，排水孔大多堵塞，坡面汇水及路面渗水不断聚集，墙后填土黏聚力和内摩擦角降低，土压力增大，同时产生水压力作用于墙背。

综上，陡坡填方挡墙，土压力及水平推力较大，导致路面产生通长裂缝，排水孔堵塞，考虑到浆砌片石挡墙存在质量较差的通病，砌筑砂浆不够饱满，片石粒径较小，内部甚至没有砌筑砂浆，墙身抗剪强度低于设计要求，一旦墙后土压力增大，墙身必然出现裂缝、掉块及鼓肚等病害，遇到暴雨等恶劣天气，墙后土压力与动水压力剧增，形成滑动面，挡墙存在突然坍塌的风险。考虑到边沟距锥坡挡墙最近距离仅为 80 cm，采取处治措施为加设钢管基础联合扶壁墙加固。

2019 年现场调研状况如图 4.8 所示。可以看出，当前沥青路面运营状况良好，未见纵向裂缝迹象；挡墙未见明显的外倾迹象，挡墙墙面未发现勾缝脱落、墙身开裂、鼓肚等病害，但排水孔工作痕迹不太明显。可见，从定性评估的角度来看，钢管桩联合扶壁墙加固处治后的边坡稳定状态良好。考虑到刚性支护措施失稳灾害的突变性，建议对该边坡进行定期观测，查看其对应路面状况、路肩处是否有开裂迹象等，及时进行养护处治。

图 4.8　K72+980 处下行线填方边坡

4）K86+850 处下行线填方边坡

K86+850 处下行线填方边坡，最大坡高约 18 m，长约 100 m。原边坡支护设计方案为浆砌片石重力式填方挡墙，砌筑高度为地面线以上 7.5~8 m，墙顶以上填土高度 8~10 m，每 10 m 设置 1 道沉降缝。挡墙外侧紧邻省道，其中 K86+800~K86+850 段墙脚距省道 S326 路基边沟距离为 2.8~6.7 m，K86+850~K86+865 段距路基边沟距离为 1.9 m，K86+870~K86+880 段为锥坡挡墙。

2016 年，对应桥头位置沥青路面出现通长纵向裂缝，且已呈圆弧状，挡墙墙面勾缝脱落、墙身开裂、鼓肚，泄水孔未见工作痕迹，病害段落总长度约 80 m。

经分析，挡墙病害的主要原因为：①该处为陡坡填方挡墙，挡墙存在一定程度鼓肚现象，对应段落路面出现纵向裂缝，裂缝两侧出现不同程度错台现象，且路面裂缝在向弧形破裂面发展；②墙后填土粗细颗粒混填，随着雨水下渗、冲刷，靠近墙背填土中的细颗粒不断流失，也会导致路面不均匀沉降，并产生裂缝，细颗粒流失同时造成填土黏聚力降低，土体抗剪强度降低；③挡墙运营年限较长，排水孔大多堵塞，坡面汇水及路面渗水不断聚集，墙后填土黏聚力和内摩擦角降低，土压力增大，同时产生水压力作用于墙背。

综上，陡坡填方挡墙，土压力及水平推力较大，导致路面产生通长裂缝，排水孔堵塞，考虑到浆砌片石挡墙存在质量较差的通病，砌筑砂浆不够饱满，片石粒径较小，内部甚至没有砌筑砂浆，墙身抗剪强度低于设计要求，一旦墙后土压力增大，墙身必然出现裂缝、掉块及鼓肚等病害，遇到暴雨等恶劣天气，墙后土压力与动水压力剧增，形成滑动面，挡墙存在突然坍塌的风险。

采取的处治措施为：K86+800~K86+810段采用扶壁墙加固，K86+810~K86+830段采用护面墙联合微型钢管桩加固，K86+830~K86+850段采用扶壁墙联合微型钢管桩加固，K86+850~K86+880段采用扶壁墙加固。

2019年现场调研与2020年回访状况如图4.9所示。可以看出，当前沥青路面运营状况良好，未见纵向裂缝迹象；挡墙未见明显的外倾迹象，挡墙墙面未发现勾缝脱落、墙身开裂、鼓肚等病害，但排水孔工作痕迹不太明显。可见，综合处治加固后的边坡稳定状态良好。考虑到刚性支护措施失稳灾害的突变性特点，建议对该边坡进行定期观测，查看其对应路面状况、路肩处是否有裂缝迹象等，从而及时进行养护处治。

(a) 2019年现场调研状况　　　　　　　(b) 2020年回访状况

图4.9　K86+850处下行线填方边坡

5）K13+400处下行线挖方边坡

K13+400处下行线挖方边坡最大坡高32 m，坡长约120 m。地层岩性从上往下依次为：①粉土，黄褐色、灰黄色、湿、松散，含水率大，强度低，含少量碎石，层厚2.3~8.8 m，属于Ⅰ级松土；②强风化辉绿岩，辉绿色，辉绿结构，块状构造，岩性软，易碎，层厚约0.9 m，属于Ⅳ级软石；③全风化粉砂岩，紫红色，已风化呈土状，层厚约1.6 m，属Ⅲ级硬土；④强风化粉砂岩，紫红色，粉砂质结构，层状构造，岩性较软，裂隙发育，层厚6.3~12.1 m，属Ⅳ级软石；⑤中风化粉砂岩，紫红色，粉砂质结构，层状构造，岩性较硬，属Ⅴ级次坚石。

沿线微地貌属低丘，地势总体较平缓，边坡坡度一般在10°~15°，两侧稍陡，呈"U"形；区域气象属北亚热带季风湿润气候区，水系为新安江水系；地下水类型主要为松散岩类孔隙水和红层裂隙水，水位埋深为2.6~8.4 m，属潜水。原边坡防护设计为四级阶梯式生态防护。

2014年，原设计三、四级边坡发生坡面滑塌，采取的处治措施为坡顶减载、坡面修整绿化防护、在二级坡脚加设小矮墙及完善坡面截排水系统。2016年，该段挖方边坡发生滑塌迹象。

　　经分析，滑坡区地形中下部由于挖方边坡开挖较陡，边坡较高，形成了较大的临空面；地层主要由粉土和粉砂岩组成，滑坡区地层粉土上部土体因滑坡，结构松散，含水率大，强度低，局部呈软土状，含少量石子，总体厚度一般，主滑方向厚度较大，工程性质较差，抗剪强度较低；滑坡区中上部地形较缓，但两侧稍陡，呈"U"形，汇水面积较大，滑坡前期长时间持续降水，降水大部分渗入坡体，降低土体抗剪强度，增加滑坡体重量，由于辉绿岩强度较高，阻碍了滑坡体的快速变形破坏，故滑坡前缘拱型护坡未完全剪出；滑坡区截水沟已变形或倒塌。

　　显然，该滑坡处于不稳定状态。采取的处治措施为：刷坡，刷坡厚度 5.4 m；刷方后大桩号方向侧缘设置了护面墙支挡防护，长度约 10 m，墙高 6 m；原三级坡面以下部分平均坡率 1∶4.3，三级坡以上部分 1∶5；刷方后滑床以上留 40～60 cm 黏土层封水，并加以绿化防护。

　　2019 年现场调研与 2020 年回访状况如图 4.10 所示。可以看出，当前沥青路面运营状况良好，挡墙表面较完好，未发现局部墙面勾缝脱落、开裂、鼓肚等病害现象，植被发育，坡面排水孔有明显工作痕迹。可见，综合处治加固后的边坡稳定状态良好。

(a) 2019 年现场调研状况　　　　　　　　(b) 2020 年回访状况

图 4.10　K13+400 处下行线挖方边坡

6) K61+700 处上行线挖方边坡

　　K61+700 处上行线挖方边坡为 2020 年补充调研点，最大坡高约 8 m，原边坡防护形式为植被防护。2020 年，由于雨季持续时间较长，雨水反复冲刷，致使边坡发生长约 8 m 的表层溜塌，现场调研状况如图 4.11 所示。可以看出，该边坡总体稳定，但浅层风化夹石粉土黏聚性较差，强度较低，易受雨水浸泡软化而发生溜塌，建议对该边坡进行适当刷坡减载，清理溜塌土体，设置植生袋绿化护坡，控制高大灌木疯长。

（a）2020年现场调研状况　　　　　　　（b）表层溜塌状况

图 4.11　K61+700 处下行线挖方边坡

7）K69+100 处上行线挖方边坡

K69+100 处上行线挖方边坡，最大坡高约 20 m，长度约 50 m，原边坡防护形式为植被防护。2020 年，由于雨季持续时间较长，雨水反复冲刷，致使边坡表层风化层溜塌。现场调研状况如图 4.12 所示。可以看出，该边坡稳定状态良好，但表层岩体遇水和空气易风化剥落，建议清理坡脚溜塌堆积体，避免堵塞边沟、侵入路肩，并考虑进行挂网客土喷播防护，或设置挂网喷混护面墙，以阻止坡面岩层进一步风化剥蚀。

（a）2020年现场调研状况　　　　　　　（b）表层剥蚀状况

图 4.12　K69+100 处下行线挖方边坡

4.2　池州地区营运高速公路边坡状况

4.2.1　G50 铜池高速公路

G50 沪渝(上海至重庆)高速公路铜陵至安庆段,即铜池高速公路,是沿江高速公路的一段,沿江高速公路是安徽省沿江地区的一条快速干道,东起芜湖南郊张韩村,终至池州市大渡口镇,贯穿安徽沿江地区经济最发达的马鞍山、芜湖、铜陵、池州和安庆等城市,是G50 沪渝高速公路和 G4211 宁芜(南京至芜湖)高速公路的重要组成部分,是我国东南沿海与中西部地区的大通道。该路段全长 161 km,双向四车道,设计车速 120 km/h,路基宽26 m,采用沥青混凝土路面。其中,铜池(铜陵至池州)高速公路全长 53.3 km,2006 年底建成通车,整体以植被防护为主要边坡防护形式。

铜池高速公路位于长江漫滩向低山丘陵的过渡带上,地层岩性主要有炭质泥岩、灰岩、砂岩、页岩和泥质砂岩等,岗丘局部覆盖网纹红土。地层走向与路线方向小角度相交,但岩石受构造影响,节理、裂隙发育,风化破碎严重,岩石完整性及抗压强度有所降低,特别是遇水软化,甚至泥化,页岩、泥质粉砂岩和泥岩风化物有一定的膨胀性,对边坡稳定性不利。浅表全、强风化层破碎,呈土状、砂土状和碎石状,遇水后强度迅速降低,风化层厚度一般为 2~10 m,容易形成坡面滑塌及浅层溜塌等坡面灾害,土质坡、全风化类土质坡在排水不畅、软化的条件下容易形成整体圆弧滑动破坏。

区域地下水主要为基岩风化层孔隙、裂隙型潜水,主要由大气降水补给,一般沿风化层渗流排泄到坡脚,对边坡稳定影响大。根据调查,滑动破坏面一般后缘张拉形成陡坎,坡脚受剪、鼓胀挤出破坏后堆积于坡脚碎落台甚至硬路肩上,滑面呈上陡下缓的圆弧状转动破坏。滑动面深度一般为 1~2 m,后缘一般在原开挖坡口处;浅表层溜塌深度一般为0.5~1.0 m,局部破坏,并破坏绿化植被,进一步形成坡面汇水点,容易受冲刷牵引进一步扩大,甚至引发滑坡。

2019 年对该路段选取了 3 处调研边坡,分别为 K466+000 处上行线挖方边坡、K434+700(原 K479+200)处上行线挖方边坡及九华出口 A 匝道处挖方边坡。2020 年,对 K434+700(原 K479+200)处上行线挖方边坡进行了回访。

1) K466+000 处上行线挖方边坡

K466+000 处上行线挖方边坡,为二级坡,最大坡高约 16 m。原边坡支护设计方案为浆砌片石护面墙(一级坡高 5.5 m,坡率 1:0.75)+植草防护(二级坡高 10 m,坡率 1:1)。地层岩性为:上覆层为亚黏土,呈土黄色、褐黄色,软塑、硬塑,具有膨胀性,平均层厚3.81 m;下伏层为全风化花岗斑岩,浅棕黄色,全风化,结构构造破坏,平均层厚 2 m,推荐容许承载力 350 kPa。

2016 年,在暴雨侵蚀下,K465+965~K465+980 段二级边坡坍塌,坡面植草破坏,浆砌片石护面墙破坏,如图 4.13 所示。

经分析,边坡上覆层为具有膨胀性的亚黏土,在暴雨侵蚀下,土体颗粒膨胀,裂隙增多,随着雨水不断渗入,浅层土体饱和或过饱和,从而坡顶坍塌。采取的处治措施为:坍塌段落一级坡坡脚设置片石混凝土抗滑挡墙；K465+965～K465+990 段二级坡削坡至 1∶1.5，现浇混凝土拱形护坡，内置实心六棱块封面，同时能够起到坡面封水的作用；K465+940～K465+965 段二级坡挂网客土喷播，并根据处治后坡形，在一级坡顶往上 2 m 处设置平台排水沟，汇入 K465+965 处急流槽；坡顶增设截水沟，并将路基边沟改为明沟，汇入 K465+880 处涵洞；处治长度共计 60 m。

图 4.13　K466+000 处上行线二级边坡坍塌

2019 年现场调研状况如图 4.14 所示。可以看出，当前沥青路面运营状况良好，挡墙表面较完好，未发现局部墙面勾缝脱落、开裂、鼓肚等病害现象。因此，从定性评估的角度来看，综合处治加固后的边坡稳定状态良好。

图 4.14　K466+000 处上行线挖方边坡

2）K434+700（原 K479+200）处上行线挖方边坡

K434+700（原 K479+200）处上行线土质挖方边坡，最大高度约 25 m，坡体长度 124 m。边坡支护原设计方案为：一级边坡底部长度约 124 m，坡高约 6 m，坡率 1∶0.75，为浆砌片石护面墙防护，坡顶为宽 2.3 m 的平台；二级边坡坡高约 6.5 m，坡率 1∶1.1，为拱形护坡锚杆防护，锚杆长度 9 m，顶部为宽 3.2 m 的平台；三级边坡平面形态呈圆弧状，最大坡高约 9 m，坡率 1∶1，为拱形护坡防护。

地表排水设施主要由坡顶后 5 m 处的截水沟，一、二级边坡顶部台阶处的排水沟，以及一级边坡坡脚处的排水盲沟组成。坡顶截水沟由预制混凝土板砌筑，截水沟横截面呈倒梯形，顶部宽约 1 m，底宽 0.6 m，高 0.8 m，水流向边坡两侧排出。

边坡岩土体物质组成较为单一，主要由砂质页岩、泥质砂岩及其残坡积物组成，地层岩性从上而下分为：①第四系残坡积角砾土层，发育厚度约 1.1 m，岩性主要为角砾土，褐红色，角砾含量 50% ~ 70%，混褐红色黏土、粉质黏土，透水性较好，容许承载力 150 kPa；②中-强风化砂质页岩，呈褐黄色，页岩呈砂质结构，薄层状构造，节理清晰，层厚一般为 3 ~ 10 m，局部较厚，强风化后呈碎块状，岩层产状 288° ~ 295° ∠ 15° ~ 18°，容许承载力 400 kPa；③中-强风化泥质砂岩，褐黄色，细粒结构，中-薄层状构造，见水平层理，容许承载力 1000 kPa。地形地貌为低山丘陵区。水文地质条件为松散岩类孔隙水和基岩裂隙水 2 类。

2007 年，受暴雨影响，K479+240 ~ K479+270 段浆砌片石护面墙轻微下座、滑移，底部鼓肚，底座下部开裂，采取的防护措施为护面墙恢复。2016 年，该边坡段出现滑塌迹象，坡顶截水沟后缘下错 2 ~ 3 m，形成陡坎，一级坡护面墙鼓胀剪出 0.5 ~ 1 m，剪出口位于地面以上 1 ~ 2 m，如图 4.15 所示。

图 4.15　K434+700 处上行线边坡一级护面墙坍塌

经分析可知：①该边坡地层岩性为上覆角砾土，下覆中-强风化砂质页岩，土石界面为一天然滑动面；②坡体上部平台宽大，汇水面积较大，滑体土质结构松散，垂直裂隙发育，含较多碎石，渗透性较好，从而导致地表水下渗，坡面汇水无法排至坡顶截水沟，大气降水易沿孔隙、裂隙下渗补给地下水，降低滑动带土体抗剪强度，同时增加了滑坡体重量，致使下滑力增加；③坡脚护面墙抗剪能力不足，暴雨天气，雨水不断下渗，土体容重增大，滑动面土体抗剪强度降低，滑坡体剩余下滑力不断增大，导致滑动面贯通，坡脚浆砌片石护面墙自身抗剪能力较弱，无法抵抗不断增大的剩余下滑力，从而出现剪切破坏。

采取的支护措施为墙脚加固+坡腰束缚+坡顶卸载。①墙脚加固：采用片石混凝土抗滑挡墙，高度、坡率及墙面位置与原一级坡护面墙相同，位于地面线以上 5 ~ 6 m，胸坡坡率 1：0.75。②坡腰束缚：二、三级边坡高均为 6 m，削坡后坡率均为 1：1.5，设置锚杆框架，框架内植生袋绿化。③坡顶卸载：对坡顶进行削坡减载，设置四级坡，坡高根据坡顶情况不大于 8 m，坡口位于原截水沟外侧边缘，现浇混凝土拱形护坡，坡率 1：1.5，内置空心六棱块植草绿化。

2019 年现场调研与 2020 年回访状况如图 4.16 所示。可以看出,仰斜深层排水孔有明显工作痕迹,无边坡失稳破坏迹象;框架梁整体较为完好,乔木植株遇见较多,植被覆盖率超过 50%。显然,采取挡墙+锚杆框架梁+植生袋绿化后的边坡稳定状态整体良好。

(a) 2019 年现场调研状况

(b) 2019 年坡面急流槽状况

(c) 2020 年回访状况

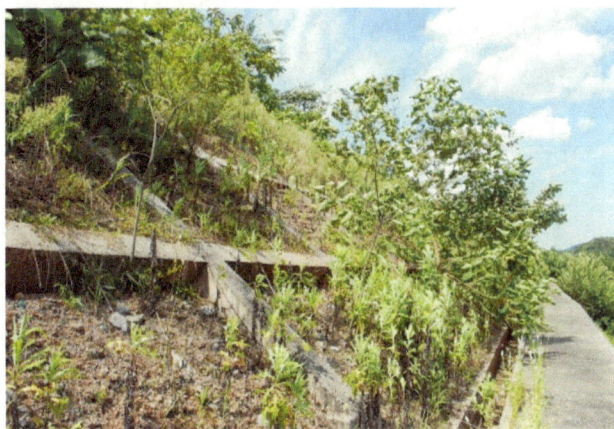

(d) 2020 年边坡支护状况

图 4.16　K434+700 处上行线挖方边坡

2021 年再次对该处进行回访调研时发现,虽然路肩排水沟工作正常,但坡体上植被覆盖率一般,框架梁内植生袋存在轻微的水土流失迹象,坡顶截水沟表面出现长约 8 m 的细裂缝,如图 4.17 所示。考虑到该边坡出现过多次失稳灾害的实际情况,且为土质高挖方边坡,以及设置了多种支护措施,建议选择该边坡埋设变形监测设备,作为变形监测点。

3) 九华出口 A 匝道处挖方边坡

九华出口 A 匝道处挖方坡高约 6 m,坡长 50 m,原边坡防护设计方案为浆砌片石拱形护坡+植草防护,坡率 1∶1.5;地层土质为粉质黏土。

2016 年,该边坡发生滑塌,如图 4.18 所示。经分析,坡面植物多为五节芒等,在雨水持续入渗条件下,土体自重增大,抗剪强度降低从而导致坡面滑塌。

(a) 坡面植被

(b) 局部冲刷

(c) 局部水土流失

(d) 坡顶截水沟细长裂缝

图 4.17 K434+700 处上行线挖方边坡 2021 年回访

采取的加固处治措施为：修整坡面后，在坡脚处增设片石混凝土挖方矮墙对坡脚进行加固，总长 25 m，墙高 3.5 m，砌筑于地面线以上 2 m，每 12.5 m 设置 1 道沉降缝；回填土后，对坡面进行绿化。

2019 年 5 月现场调研状况如图 4.19 所示。调查发现，该挖方边坡由于受到强降水的影响，发生了滑塌；坡面及路基边沟植被生长茂密，杂草丛生。考虑到 2 年前该处也曾发生过滑塌损害，可将其确定为失稳灾害频发的挖方边坡，为进一步分析其病害致因，将该边坡段拟定为土体取样点。

图 4.18　九华出口 A 匝道边坡滑塌

图 4.19　九华出口 A 匝道处挖方边坡

4.2.2　S27 安东高速公路

S27 安东(安庆至东至)高速公路北起池州大渡口,连接 G50 沪渝(上海至重庆)高速公路,南至皖赣界的桃墅岭,与 G35 济广(济南至广州)高速公路相连;全长 80.6 km,双向四车道，设计车速 120 km/h，路基宽 28 m，采用沥青混凝土路面；2008 年 11 月 1 日建成通车。

2019 年对该路段选取了 2 处调研边坡，分别为 K21+500 处上行线挖方边坡及 ZK935+210 处菜坑 3 号隧道左线景德镇端洞口挖方边坡。2020 年对 K21+500 处上行线挖方边坡进行了回访，并补充调研了 K36+300 处下行线挖方边坡。

1）K21+500 处上行线挖方边坡

K21+500 处上行线挖方边坡坡高约 7 m。原边坡防护设计方案为植草防护，坡脚处为暗排水沟。地层岩性为：上覆土层均为亚黏土，灰褐色、褐红色或黄色，呈硬塑状，含铁锰质膜、高岭土条，柱状节理发育，节理面光滑，具有弱膨胀性。该土层一般呈硬塑-坚硬状，承载力高，工程地质条件好。

2016 年，该处边坡发生滑塌，滑塌段长度约 40 m，如图 4.20 所示。经分析，坡脚积水软化，导致坡体产生张性裂隙，在雨水的作用下，上覆的微膨胀土裂缝发展，使得雨水不断渗入坡体，土体抗剪强度降低的同时重量增加，导致抗滑力小于下滑力，坡体产生牵引式滑塌。采取的加固处治措施为：设置混凝土挖方矮墙，地面线以上墙高 1.5 m，总长共计 45 m，并增设急流槽。

图 4.20　K21+500 处上行线挖方边坡滑塌

2019 年现场调研及 2020 年雨季回访的边坡状况如图 4.21 所示。可以看出，该挖方边坡当前稳定状况良好，坡面整体植被发育。由于边坡土质有一定的弱膨胀性，可将该点归为失稳灾害频发的挖方边坡，为进一步分析其致因及植被根系的锚固效果等，建议将该边坡段拟定为土体取样点。

2）ZK935+210 处菜坑 3 号隧道左线景德镇端洞口挖方边坡

ZK935+210 处菜坑 3 号隧道左线景德镇端洞口处挖方边坡坡高约 40 m。原边坡防护设计方案为：7 m 高护面墙，墙顶以上至坡顶采用挂网喷混防护；二级平台处约 20 m 高设截水沟。

地层岩性为：①残坡积碎石土，呈灰黄色、褐黄色，稍湿，稍密，碎石含量约 70%，成分主要为变质砂岩、变质岩屑砂岩碎石，碎石颗粒粒径一般为 2~10 cm，层厚 0~3.0 m，主

(a) 2019 年调研状况

(b) 2020 年回访状况

图 4.21　K21+500 处上行线挖方边坡

要分布在隧道洞身山体表层, 地形平缓、低洼处稍厚, 坡度较陡处较薄, 推荐容许承载力为 250~300 kPa; ②强风化变质砂岩, 灰绿色, 变余砂质、粉砂质结构, 薄-中层状, 裂隙发育, 岩芯破碎, 多呈碎块状, 少量呈短柱状, 层厚一般为 0.5~10.0 m, 推荐容许承载力为 500~600 kPa; ③弱风化变质砂岩, 灰绿色, 变余砂质、粉砂质结构, 薄-中层状, 发育少量裂隙, 断面见少许褐黄色铁质氧化物, 岩质较硬, 岩芯多呈 10~30 cm 中柱状, 少数呈 5~8 cm 碎块状, 其中夹薄层弱风化板岩, 推荐容许承载力为 1500 kPa。景德镇端洞口位于低山斜坡位置, 山坡自然坡度 20°~35°, 岩层产状为 266°∠45°, 均为近反向坡, 且岩层倾角较大, 一组主要节理倾向与山坡坡向近垂直, 另一组倾向山体内, 稳定性较好。

2016 年, 该边坡护面墙距地面 2 m 处出现鼓肚, 坡脚外移, 如图 4.22 所示。经分析,护面墙排水孔基本失效,墙背雨水汇集,土体重量增大的同时土体抗剪强度降低,导致墙背土压力增大,护面墙自身抗水平能力不足,进而产生鼓肚;洞口边坡较高,饱水情况下,滑坡剩余下滑力增大,护面墙基础埋深一般较浅,基底产生外倾。考虑到靠近行车道,施工及加固空间受限,采取的加固处治措施为:采用预应力锚杆框架梁进行加固,在框架内放入植生袋绿化;同时在坡顶处增设或修复原截水沟,在框架梁大桩号一侧增设急流槽1道,加强坡面排水;处治长度为32 m。

(a)护面墙鼓肚　　　　　　　　　(b)坡脚外移

图 4.22　ZK935+210 处莱坑 3 号隧道左线景德镇端洞口挖方边坡支护设施变形

2019 年现场调研状况如图 4.23 所示。可以看出,该挖方边坡当前整体状况良好,坡面整体植被发育。因此,从定性评估的角度来看,处治后的边坡处于稳定状态,可定期观测其坡面性能状况,以及时进行养护处治。根据边坡稳定性现场取样试验的要求,该边坡暂不拟定为土体取样点。

3)K36+300 处下行线挖方边坡

K36+300 处下行线挖方边坡坡高约 15 m,长约 80 m,原边坡支护结构为浆砌片石挡墙+植被,挡墙外露高度约 1.5 m。地层岩性以志留纪岩屑砂岩、粉砂岩、泥岩和石英砂岩为主,岩层软硬相间,节理裂隙发育,岩石破碎,其抗压强度处于软弱–坚硬。

2020 年现场调研状况如图 4.24 所示。可以看出,由于雨季持续降雨与冲刷,部分挡墙坍塌,长度约 25 m,建议结合地质特征、外界诱因等,对该边坡段失稳原因进行深入分析,以提出经济合理的加固处治方案,可考虑采用挡墙加固+锚杆框架梁支护+植生袋生态防护+防排水设施加强等的综合处治措施,从而确保该边坡的稳定。

图 4.23　ZK935+210 处莱坑 3 号隧道左线景德镇端洞口挖方边坡

（a）2020 年调研状况

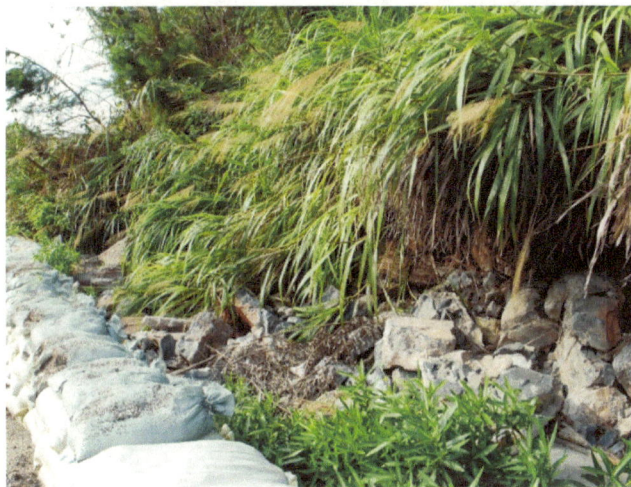

（b）挡墙坍塌状况

图 4.24　K36+300 处下行线挖方边坡

4.3　皖南山区营运高速公路边坡状况统计

根据皖南黄山和池州 2 个地区的 5 条山区营运高速公路 18 处典型边坡状况的现场调研结果，将桩号位置、填挖类型、岩土类型、几何尺寸、支护结构、建养历史及其他情况等调研信息统计汇总如表 4.1 所示。其中，挖方边坡 11 处，填方边坡 7 处；坡高是指最大坡高。

表 4.1 安徽省皖南山区营运高速公路边坡状况调研信息统计

地区	名称	序号	桩号位置	填挖类型	岩土类型	几何尺寸	支护结构	建养历史	备注
黄山	G3汤屯高速公路	1	K1300+000处 上行线	挖方	碎石土+强风化粉砂岩	坡高：15 m 坡长：80 m 坡率：1:1	锚杆框架梁+植草防护	无	取土点；当前稳定状况良好
		2	K1300+000处 下行线	填方	碎石土+强风化粉砂岩	坡高：17 m 坡长：105 m 坡率：1:0.25	挡墙+锚杆框架梁	原设计为重力式路肩挡墙，2016年2月挡墙顶外倾约3 cm；处治措施：锚杆框架梁加固，处治长度约60 m	粘贴玻璃片进行变形监测；当前稳定状况良好
		3	K1342+000处 上行线	填方	全风化泥质砂岩	坡高：13 m 坡长：120 m 坡率：1:0.35	挡墙+扶壁墙	原为衡重式路肩挡墙，2016年2月沥青路面产生纵向裂缝；处治措施：路面封缝，扶壁墙长度120 m	路肩处局部有掉块；当前稳定状况良好
	G3铜汤高速公路	4	K1377+150处 上行线	填方	含碎石亚黏土+强风化花岗岩	坡高：15 m 坡长：300 m 坡率：1:0.5	盲沟+矮挡墙+扶壁挡墙	原为衡重式路肩挡墙，2015年沥青路面出现纵向裂缝，6月2次封缝后塌方；处治措施：挡墙+扶壁墙，处治长度300 m；2016年局部增设盲沟	当前防排水状况良好；稳定状况良好
		5	K1369+500处 下行线（龙潭隧道口）	挖方	变质长石岩屑砂岩、粉砂板岩、变质粉砂岩	坡高：11 m 坡长：60 m 坡率：1:0.5	半隧道式支护	无	设有自动监测设施；当前稳定状况良好

续表 4.1

地区	名称	序号	桩号位置	填挖类型	岩土类型	几何尺寸	支护结构	建养历史	备注
黄山	S42 黄祁高速公路	6	K70+500 处 下行线	填方	含碎石亚黏土	坡高：11 m 坡长：120 m 坡率：一级坡 1∶0.75，二级坡 1∶1.5	挡墙+扶壁墙	原支护为挡墙，2016 年发生水毁失稳；处治措施：挡墙+扶壁墙，处治长度 120 m	当前稳定状况良好
		7	K70+850 处 上行线	填方	含碎石亚黏土	坡高：11 m 坡长：140 m 坡率：一级坡 1∶0.6，二级坡 1∶1.5	挡墙+扶壁墙	原支护为挡墙，2012 年沥青路面出现纵向裂缝，灌缝处治；2015 年，挡墙部分鼓胀，错台；处治措施：微型钢管桩+扶壁墙，处治长度 140 m	取土点；当前稳定状况良好
		8	K72+980 处 下行线	填方	含碎石亚黏土	坡高：13 m 坡长：65 m 坡率：一级坡 1∶0.75，二级坡 1∶1.5	挡墙+扶壁墙	2018 年沥青路面出现纵向裂缝，局部挡墙鼓胀；处治措施：钢管基础+扶壁墙，处治长度 30 m	当前稳定状况良好
		9	K86+850 处 下行线	填方	含碎石亚黏土	坡高：18 m 坡长：100 m 坡率：一级坡 1∶0.6，二级坡 1∶1.5	挡墙+扶壁墙	原支护为挡墙，2016 年桥头位置沥青路面出现纵向裂缝；处治措施：扶壁墙+微型钢管桩，处治长度 80 m	当前稳定状况良好
		10	K13+400 处 下行线	挖方	粉土+强风化辉绿岩+全风化砂岩+强风化砂岩+中风化砂岩	坡高：30 m 坡长：120 m 坡率：一、二级坡 1∶4.3，三、四级坡 1∶5	挡墙+扶壁墙	2014 年三、四级坡滑塌，2016 年，局部滑塌，处治措施：坡顶减载，坡面修整绿化防护，挡墙钢管桩加固，处治长度 100 m	当前稳定状况良好
		11	K61+700 处 上行线	挖方	碎石土	坡高：8 m 坡长：30 m 坡率：1∶2	植被防护	2020 年部分植被护坡溜塌，长度 8 m	当前需处治
		12	K69+100 处 上行线	挖方	岩质	坡高：20 m 坡长：50 m 坡率：1∶1	植被防护	2020 年表层风化层溜塌	当前需处治

续表4.1

地区	名称	序号	桩号位置	填挖类型	岩土类型	几何尺寸	支护结构	建养历史	备注
池州		13	K466+000 处上行线	挖方	亚黏土+全风化花岗碎岩	坡高：10 m；坡长：110 m；坡率：一级坡1:0.75，二级坡1:1.5	挡墙+拱形护坡	原防护为护面墙+植草防护，2016年局部坍塌；二级边坡坍塌，处治措施：抗滑挡墙+拱形护坡，处治长度110 m	当前稳定状况良好
	G50铜池高速公路	14	K434+700（原K479+200）处上行线	挖方	第四系残坡积角砾土层	坡高：25 m；坡长：130 m；坡率：一级坡1:0.75，二～四级坡1:1.5	挡墙+锚杆框架+拱形护坡	原支护为一级挡墙+拱形护坡，2007年，护面墙挡墙轻微滑移，2016年滑塌，处治措施：恢复护面，2016年，坡腰锚杆框架加固，坡顶卸载+植被束缚，护坡，处治长度130 m	初拟为变形监测点；当前稳定状况较好
		15	九华出口A匝道处	挖方	网纹红土	坡高：6 m；坡长：50 m；坡率：1:1.5	植草防护	2016年坡面溜塌；处治措施：坡脚矮墙，处治长度25 m；2019年坡面溜塌	取土点；当前稳定状况较好
		16	K21+500 处上行线	挖方	亚黏土	坡高：7 m；坡长：100 m；坡率：1:1.5	坡脚矮墙+植草防护	2016年边坡滑塌；处治措施：坡脚矮墙+增设急流槽，处治长度40 m	取土点；当前防排水及稳定状况良好
	S27安东高速公路	17	ZK935+210 处莱坑3号隧道左线景德镇端洞口	挖方	残坡积碎石土+强风化变质砂岩+弱风化变质砂岩	坡高：40 m；坡长：60 m；坡率：1:0.75	预应力锚杆框架梁	2016年护面墙外鼓，坡脚外移；处治措施：锚杆框架梁+植生袋，处治长度32 m	当前防排水及稳定状况良好
		18	K36+300 处下行线	挖方	土质	坡高：15 m；坡长：80 m；坡率：1:0.75	坡脚矮墙+植被防护	2020年挡墙局部坍塌	当前需处治

4.4　小结

根据制定的安徽省山区营运高速公路边坡状况现场调研基本要求和实施方案,选择皖南山区汤屯、铜汤、黄祁、铜池和安东等 5 条营运高速公路,针对已处治、当前正在监测、存在潜在失稳风险及局部失稳变形的 4 类典型边坡,开展了现场调研与回访工作,主要得到以下研究结果和结论:

(1)确定了皖南山区 18 处典型边坡的桩号位置、填挖类型、岩土类型、几何尺寸、支护结构、建养历史及其他情况等统计信息。其中,挖方边坡 11 处,填方边坡 7 处。

(2)分析了皖南山区营运高速公路边坡水毁病害类型、综合加固处治措施及其应用效果,其中边坡的典型水毁病害主要有:土质边坡多出现局部浅层冲刷溜塌及填方坡脚或路肩重力式挡墙损坏,岩质边坡出现局部表层风化层溜塌或支护设施损坏。

(3)典型的综合加固处治措施主要有:填方边坡加固多见增设扶壁墙的形式,受空间限制时则增设锚杆框架梁;挖方边坡加固采用坡脚矮墙固脚,坡腰护面墙、锚杆挂网喷混或锚杆(索)框架梁束缚,以及坡顶刷坡卸载。防排水措施包括挖方坡顶截水沟,坡面急流槽、平台排水沟和坡脚边沟,坡体仰斜深层排水孔和坡脚排水盲沟,以及浸水填方坡脚导流矮墙等;外露岩土坡面多采用植生袋或空心六棱块植被护坡。经处治,目前大部分边坡稳定状况整体良好,达到了预期的边坡综合加固处治的目标,可为后续综合养护防治技术研究提供实践依据。

第5章
山区营运高速公路边坡稳定性风险评价指标体系构建

在公路边坡病害防治中，最关键的是做好边坡稳定性风险评估工作，但是造成公路边坡病害的影响因素众多，严重程度不一，且相互关联、相互制约，如何综合考虑各相关因素的作用，构建山区营运高速公路边坡稳定性风险评价指标体系，以保证边坡稳定性风险评估顺利进行是一项重要课题。其是进行山区营运高速公路边坡系统风险分类分级的基础，也是进行边坡病害预防与治理的前提，据此认识病害活动的形成和发展阶段，预测未来可能的病害活动程度，从而为采取合理的边坡治理措施提供技术支撑和依据，对确保边坡稳定具有重要的意义。

5.1 安徽省山区营运高速公路边坡典型病害及防治措施分析

考虑到随着高速公路运营年限的增长，沿线边坡会产生严重程度不一的病害；同时，我国高速公路建设已有近40年的历史，有关边坡的病害处治也有多年的实践经验，但是仍缺乏对公路边坡养护及历史信息的深入研究。为此，通过对安徽省内的8条山区营运高速公路29处典型填方和挖方边坡技术状况的现场调查和回访，结合安徽省大别山区和皖南山区营运高速公路6年间69处典型边坡的病害状况和历史资料，对山区营运高速公路边坡病害的主要类型和影响因素及典型防治措施进行统计分析，以期在为同类边坡的设计、施工及养护防治提供参考借鉴的同时，也为山区营运高速公路边坡稳定性风险评价指标体系的构建提供数据支撑。

5.1.1 边坡的基本分类

边坡是工程建设中最常见的工程形式。公路边坡的稳定性取决于边坡的岩土性质、地质构造、人类活动及气候环境等方面的影响，其分类方法很多，主要按照边坡成因、工程类别、介质材料、坡高、坡度、断面形式及稳定性等进行划分。

1）边坡成因分类

按照边坡成因，可分为自然边坡和人工边坡2类。其中，自然边坡由于其地层岩性、地质构造、地下水分布和风化程度的不同，在自然营力作用下形成了不同的形态，如直线坡、凸形坡、凹形坡和台阶状坡等，且其坡高和坡率也千差万别，坡面的冲沟发育和分布密度及植被状况等也各不相同，是设计人工边坡的地质基础和参照对象。自然边坡可进一步分为剥蚀边坡(构造型、丘陵型)、侵蚀边坡(岸蚀边坡、沟蚀边坡)、塌滑边坡等。

人工边坡是将自然地质体的一部分改造成为人工构筑物,因此其特征和稳定性很大程度上取决于自然边坡的地形地貌特征、地质结构和构造特征。人工边坡可分为挖方边坡和填筑边坡。挖方边坡是由山体开挖形成的边坡,如挖方边坡、露天矿边坡。填筑边坡是填方经压实形成的边坡,如填方边坡、渠堤边坡等。

2) 边坡工程类别分类

按照工程类别,公路路基边坡可分为填方边坡和挖方边坡 2 类。其中,填方边坡是指在天然地面上人工形成的、用土或石填筑的具有一定密实度的线路建筑物,且高度在填方的路肩边缘以下。填方边坡作为路基不可分割的一部分,形成时间短,在结构上分为上填方和下填方,上填方是指路床以下 0.7 m 厚度范围的填方部分,下填方是指上填方以下的填方部分。根据其高度、坡度的不同,填方又可以进一步分为低填方、高填方和陡坡填方,具体如表 5.1 所示。

表 5.1　填方分类

填方分类	表现特征
低填方	填土高度小于路基工作区深度
高填方	路基填土边坡高度大于 20 m
陡坡填方	地面斜坡陡于 1∶2.5

挖方边坡是通过开挖天然地面形成的,在挖方路基面两侧的边沟外,其主要作用为缓和道路纵坡或越岭线穿越岭口控制标高。挖方边坡通过的地层,在长期的生成和演变过程中,一般具有复杂的地质结构。挖方边坡处于地壳表层,开挖暴露后,受各种条件与自然因素的作用,容易发生变形和破坏。

3) 边坡介质材料分类

依据边坡介质材料的不同,分为岩质边坡和土质边坡 2 类。其中,岩质边坡即整个边坡均由岩体构成,按岩体的强度又可进一步细分为硬岩边坡、软岩边坡和风化边坡,受风化影响较大;按岩体结构类型,可分为整体状边坡、块状边坡、层状边坡、碎裂状边坡和散体状边坡,在多数情况下岩体结构是岩质边坡稳定状况的控制因素。由于岩体强度较高,常可保持较高陡的边坡,所以高边坡几乎都是岩质边坡。同时,岩质边坡的稳定性主要取决于其岩体结构和坡体结构,即不同岩性的岩层及构造结构面,特别是软弱结构面在坡体上的分布位置、产状、组合及其与边坡走向、倾向和倾角之间的关系。当软弱结构面或其组合面(线)倾向临空面、倾角缓于边坡坡角而大于面间摩擦角时,容易发生失稳破坏。当上覆硬岩、下覆软岩强度较低或受水软化时,也易发生失稳变形。

土质边坡即整个边坡主要由土体构成。根据土体种类,土质边坡可进一步细分为碎石土边坡、砂土边坡、粉土边坡、黏性土边坡等。对于土质边坡而言,物质组成是决定边坡稳定性的根本要素,直接决定了边坡的形态、力学性质和变形模式。由于土体强度较低,保持不了高陡的边坡,故土质边坡一般都在 20 m 以下。较高陡的边坡必须设置支挡工程才能保持其稳定,由于坡面容易被冲刷,常需设置坡面防护工程。对地下水发育的高填深挖边坡，设置疏排水设施是其保持稳定性的必要工程。当边坡底部有软弱土层分布时，也易发生沿软弱土层的滑动。

4）边坡高度分类

依据边坡高度，可分为一般边坡和高边坡 2 类。其中，一般边坡通常是指岩质边坡总高度在 30 m 以下，土质边坡总高度在 20 m 以下；而高边坡通常是指岩质边坡总高度大于 30 m，土质边坡总高度大于 20 m。

5）边坡坡度分类

依据边坡坡度即坡角大小，可分为缓坡、中等坡、陡坡、急坡和倒坡 5 类，具体划分如表 5.2 所示。

表 5.2　边坡坡度或坡角分类

种类	缓坡	中等坡	陡坡	急坡	倒坡
坡角/(°)	<15	15~30	30~60	60~90	>90

6）边坡断面形式分类

依据边坡断面形式，可分为直立式、倾斜式和台阶式 3 类。通常边坡较复杂时，常出现这 3 种断面形式构成的复合形式。

7）边坡稳定性分类

依据边坡稳定性程度，可将边坡分为稳定边坡、基本稳定边坡和欠稳定边坡 3 类，通常根据边坡的稳定安全系数大小进行划分。

综上，基于工程实际，并为方便边坡稳定性风险评估，在分析过程中按照工程类别将山区营运高速公路边坡细分为挖方边坡和填方边坡 2 大类。

5.1.2　边坡的主要病害类型

为便于分析，在统计边坡历史病害信息时，将同一处边坡不同时期发生的病害视为不同的病害。同时，对于挖方边坡，根据安徽省山区地质条件和地层构造特点及外露边坡岩土体结构组成，参考土石混合体分类的相关研究，结合实际覆盖层厚度，将挖方边坡分为岩质边坡和土质边坡 2 类，其中土石二元结构边坡及土石混合质边坡并入土质边坡一起考虑；而发生病害的填方边坡均为土质边坡。据此，于 2015—2020 年对安徽省大别山区和皖南山区 9 条营运高速公路典型边坡的技术状况进行了现场调研和回访及历史病害信息统计，共计 69 处，其中挖方边坡 43 处，填方边坡 26 处。

1）挖方边坡

调研结果表明，挖方岩质边坡的典型病害主要有表层风化层溜塌及支护设施局部损坏和崩塌等，通常是由地下水沿风化层下部的基岩面流动引起的，如图 5.1 所示；挖方土质边坡的典型病害主要有浅层土体滑塌及支护设施局部损坏和崩塌等，大多是因边坡上已有的岩土体等坡积物质地松散，遇雨水浸湿、冲刷而发生的，如图 5.2 所示。

(a) 表层风化层溜塌　　　　　　　　　　　(b) 支护设施局部损坏

图 5.1　挖方岩质边坡典型病害

(a) 浅层土体滑塌　　　　　　　　　　　(b) 支护设施局部损坏与崩塌

图 5.2　挖方土质边坡典型病害

2）填方边坡

填方边坡的主要病害有浅层土体局部冲刷溜塌，填方或路肩重力式挡墙局部鼓肚、外倾或倾倒及边坡对应路面通长纵向开裂等，如图 5.3 所示。

总体上，挖方土质风化岩层复合高边坡的临空面及坡面汇水面积较大，防护结构老化，受雨季降雨入渗的影响，浅层土压力增加，抗剪强度降低，坡面排水不畅，坡脚积水软化，进而发生浅层滑塌与支护设施局部损坏和崩塌等病害；挖方岩质边坡外露岩体表层受风化作用，强度衰减，降雨入渗、冲刷，使得坡体抗水平推力的能力不足，进而发生失稳病害；高填方挡墙边坡受雨水入渗影响，使得墙背土压力增大，而挡墙由于运营时间较长、排水不畅、抗剪强度衰减，进而发生局部破坏或崩塌等病害。

(a) 浅层土体局部冲刷溜塌

(b) 重力式挡墙局部外倾

(c) 填方重力式挡墙局部倾倒

(d) 边坡对应路面通长纵向开裂

图 5.3　填方土质边坡典型病害

5.1.3　边坡病害影响因素分析

安徽省大别山区和皖南山区均处于淮河以南的亚热带湿润季风气候区，夏季降水丰沛，呈南多北少、山区多、平原丘陵少的特点，相应的山区营运高速公路边坡在长时间、大降雨量的气候环境因素作用下，坡体岩土质易受雨水、风化影响，加之人为造成的质量缺陷及行车荷载作用等，导致边坡局部产生溜塌、滑塌及支护设施破坏等病害问题。通过调查分析，安徽省山区营运高速公路边坡病害的主要影响因素有环境因素、坡体岩土质因素、坡体结构因素和人为因素等 4 个方面。

1）环境因素

统计边坡病害发生的时间，可以分析不同气候环境条件对边坡病害的影响。由此，得到安徽省山区营运高速公路 69 处典型边坡病害发生的月份分布统计结果如表 5.3 所示。显然,病害发生的时间主要集中在 6—8 月,其边坡病害发生率占 75.35%,且 7 月最高,达 46.37%。

表 5.3　不同月份边坡病害发生频数统计

月份	1	2	3	4	5	6	7	8	9	10	11	12
频数/次	1	5	1	5	2	7	32	13	0	3	0	0
比例/%	1.45	7.25	1.45	7.25	2.90	10.14	46.37	18.84	0.00	4.35	0.00	0.00

安徽省的年降水量为 750~1700 mm,多年平均降水量约 995.3 mm,每年的 6—8 月为山区全年降水量最多的梅雨季节。受雨季降水影响,特别是降雨量越大、降雨时间越长时,边坡岩土体经受坡面径流或暴流的冲刷时间就越长,容易导致边坡产生浅表坡体冲刷滑塌等病害;同时,持续的降雨渗入边坡,还会对边坡岩土体产生一定的切割作用,加之风化、温度、干湿循环和冻融循环等环境因素的影响,导致坡体抗剪强度降低,进而产生浅层坡体滑塌、支护设施局部损坏和崩塌等病害。因此,降雨是服役边坡失稳病害频发的主要外因,应对山区营运高速公路边坡采取完善的坡面截水、排水、防水及支护结构等养护措施,以有效减少滑塌和崩塌等病害。

2)坡体岩土质因素

统计边坡病害在不同岩土质条件下的分布规律,可以分析岩土质对边坡稳定性的影响,其中大别山区岩土质以花岗片麻岩及其风化砂土为主,而皖南山区岩土质复杂多变,多为泥质或变质粉砂岩及其风化产物。根据调研结果,挖方岩质、土质边坡和填方土质边坡的病害发生率分别为 10.15%(7 处)、52.17%(36 处)和 37.68%(26 处)。由此可知,挖方边坡的病害发生率是填方边坡的 1.65 倍,挖方土质边坡的病害发生率占挖方边坡病害总数的 83.71%,是挖方岩质边坡的 5.14 倍。

调研表明,挖方土质边坡的病害多发生于二元结构边坡,如土质二元边坡、土石二元边坡。土质二元边坡的相邻两层土体性质差异较大,受地震和降雨等外界因素的影响,容易引发边坡的失稳病害;土石二元结构边坡常见于山区与丘陵区的高速公路边坡,易受气象条件影响而演变成滑坡等病害。安徽省山区营运高速公路边坡岩土质的二元结构大多为上覆残坡积层、下伏风化基岩的土石边坡,由于其土石界面就是天然滑动面,当浅层土体具有一定的膨胀性或较为松散时,坡面植被发育一般,加之降水影响,边坡裂隙发育,抗剪强度减弱,容易导致浅层土体滑塌等病害。

3)坡体结构因素

边坡坡体结构包括几何形态、支护结构和排水设施。根据调研结果,将边坡高度作为影响边坡几何形态的主要因素,边坡支护结构包括坡面防护和支挡工程,边坡排水设施包括各种防水、截水和排水设施。统计边坡病害的空间分布规律,可以分析坡体结构特点对边坡病害的影响。边坡坡体结构组成划分如表 5.4 所示。据此,依据《在役公路边坡工程风险评价技术规程》(T/CECS G:E70-01—2019),按不同坡高统计的边坡病害发生频数如表 5.5 和表 5.6 所示;按边坡整体结构统计坡脚、坡腰和坡顶 3 个部位的病害分布如

表 5.7 所示, 其中当 2 个及以上部位同时发生病害时独立统计, 相应的边坡病害包括坡体和各种支护及排水设施的损坏。

表 5.4　边坡坡体结构组成

坡体结构	边坡类型	
	挖方边坡	填方边坡
坡顶	边坡顶面、坡肩; 山坡挡墙等支护设施; 坡顶截水沟等坡顶防、截、排水设施	对应半幅路面、路肩部位
坡腰	坡趾以上至坡肩以下部位, 或多级边坡的一级边坡坡顶以上至坡肩以下部位; 护坡、挡墙、框架梁等支护设施; 急流槽、平台截水沟、仰斜式排水孔等坡面防、截、排水设施	坡趾以上至路肩以下部位, 或多级边坡的最下一级边坡坡顶以上及路肩以下部位; 护面墙、墙面勾缝、填方或路肩挡墙等支护设施; 急流槽、涵洞、仰斜式排水孔等坡面防、截、排水设施
坡脚	坡趾以下至坡底部位, 或多级边坡的一级边坡及以下至坡底部位; 坡脚矮挡墙等支护设施; 路基边沟、盲沟等坡脚防、截、排水设施	坡趾以下至坡底部位, 或多级边坡的最下一级边坡及以下至坡底部位; 护脚矮挡墙、导流矮挡墙等支护设施; 路基排水沟等坡脚防、截、排水设施

表 5.5　不同坡高土质边坡病害发生频数统计

边坡类型		坡高				
		≤6 m	6~10 m	10~20 m	20~40 m	>40 m
挖方土质边坡	频数/次	9	11	12	4	0
	比例/%	13.04	15.94	17.39	5.80	0.00
填方边坡	频数/次	1	7	17	1	0
	比例/%	1.45	10.14	24.64	1.45	0.00

表 5.6　不同坡高岩质边坡病害发生频数统计

边坡类型		坡高				
		≤8 m	8~15 m	15~30 m	30~60 m	>60 m
挖方岩质边坡	频数/次	0	2	4	1	0
	比例/%	0.00	2.90	5.80	1.45	0.00

表 5.7　不同坡体部位边坡病害发生频数统计

边坡类型		坡体位置					
		坡脚	坡腰	坡顶	坡腰坡脚	坡腰坡顶	整体
挖方边坡	频数/次	0	9	0	7	9	18
	比例/%	0.00	13.04	0.00	10.14	13.04	26.09
填方边坡	频数/次	5	1	4	2	9	5
	比例/%	7.25	1.45	5.80	2.90	13.04	7.25

从表 5.5～表 5.7 可以看出,坡高为 10～20 m 的土质边坡病害发生率较高,为 42.03%,且坡高为 6～20 m 的边坡病害发生率高达 68.11%,此类高度的土质边坡在设计施工期间,往往直接套用标准图而未采取深化防治措施,故未来有必要予以加强;同时,挖方边坡发生整体病害频率最高,为 26.09%,表明挖方边坡发生病害的范围一般较大。在统计的 69 处典型边坡病害中,坡脚、坡腰和坡顶部位发生病害共计 142 次,发生频率分别为 26.06%(37 次)、42.25%(60 次)和 31.69%(45 次),显然边坡的坡腰部位病害更为频发。

实际上,当边坡较高、坡腰处坡度较平缓、坡面汇水面积较大时,受暴雨影响,局部冲刷力增大,极易发生坡面积水、下渗,从而导致边坡稳定性不足而引发局部坡面滑塌等病害。运营边坡坡体结构病害的发展是一个渐进的过程,通过定期巡检与各种检测手段一般能及时发现,但如果不予重视并及时处治,会对边坡支护结构以及整体稳定性造成不利影响。此外,边坡服役时间越长,较高的湿度和温差越容易导致边坡支护结构的钢筋锈蚀和混凝土劣化,影响其耐久性,造成防护能力和承载能力退化与下降,从而过早失效,缩短其服役寿命。

4) 人为因素

人为因素也是导致边坡失稳的重要影响因素,人为因素导致的边坡整体或局部质量缺陷,随着时间的推移,受坡体内、外部因素的影响,使得边坡的耐久性和支护结构的承载力达不到设计要求,从而导致边坡病害的发生。比如,不合理的高速公路选线方案、边坡坡率及防护结构与排水设计、施工组织设计与方法,以及沿线植被的人为破坏、行车荷载作用等,都会降低边坡的稳定性,进而导致病害的发生。

勘察设计、施工与管养工作对营运高速公路边坡的质量保证十分重要。由于地质条件的隐蔽性或者勘察不细致、设计周期短等,使得设计方案不合理或边坡安全系数计算有误,易导致设计的支护措施过多,或者设计的抗剪强度不足以抵抗实际土压力,使得边坡发生变形、滑塌等病害;施工工艺的合理性对边坡稳定性的影响也很大,在实际施工过程中,常会出现超欠挖、赶工期、病害处治不到位、衬砌背后回填不密实或存在空洞、浆砌片石衬砌砂浆不饱满等不规范行为,进而导致边坡质量缺陷和承载力不足;山区高速公路通常布设于人口密度相对较小的位置,高填、深挖较多,日常养护管理较为困难,也是造成运营边坡出现各种病害的重要原因;此外,尤其是对于填方边坡,填方顶面的竖向沉降随行车荷载的增加而增大,由于行车荷载具有瞬时性、长期性及重复性等特点,行车荷载越大,填方边坡越趋于不稳定。

5.1.4 边坡病害典型防治措施

针对前述安徽省山区营运高速公路边坡的典型病害和成因及主要影响因素，管养部门采取了多种针对性的防治措施，并取得了良好的处治效果，据此统计得到多年来运营边坡病害的典型防治措施如表5.8所示。

表5.8 安徽省山区营运高速公路边坡病害典型防治措施

边坡类型		病害类型	典型加固措施	防排水系统防治	坡面绿化防治
	岩质	局部表层风化层溜塌	1)坡脚加固 (1)增设坡脚重力式挡墙 (2)台阶边坡岩土质较松散：增设边坡平台坡脚矮墙 2)坡面支护 坡面岩层易风化：锚杆挂网喷混护面墙防护	1)拦截山坡地表水：改建坡顶截水沟 2)排泄坡面水：增设坡面急流槽和平台排水沟，整治挖方边沟 3)排出坡体深层水：埋设坡面仰斜式排水孔，增设坡脚排水盲沟	外露坡面植被护坡：拱形骨架+植生袋植被护坡
挖方边坡	土质	浅层土体滑塌及支护设施局部损坏和崩塌	1)坡脚加固 (1)用地不受限：增设重力式混凝土挡墙加固 (2)用地受限：增设预应力锚杆框架加固 (3)挡墙崩塌：采用混凝土挡墙恢复 2)坡腰束缚 (1)坡体较稳定：增设浆砌片石护面墙防护 (2)坡面岩层易风化：增设锚杆挂网喷混支护 (3)坡体欠稳定：增设锚杆 3)坡顶卸载 (1)坡顶刷坡卸载 (2)坡面较稳定：增设拱形骨架护坡 (3)坡面易冲刷：增设护面墙防护 4)刷坡卸载 必要时，各级边坡进行刷坡卸载	1)拦截山坡地表水：改建坡顶截水沟 2)排泄坡面水：增设坡面急流槽和平台排水沟，整治挖方边沟 3)排出坡体深层水：埋设坡面仰斜式排水孔，增设坡脚排水盲沟	外露坡面植被护坡： 1)坡面较稳定：恢复植被护坡 2)坡面易冲刷：植生袋绿化 3)坡面欠稳定：内置空心六棱块植草绿化

续表5.8

边坡类型	病害类型		典型加固措施	防排水系统防治	坡面绿化防治
填方边坡	土质	局部浅层冲刷溜塌	增设浆砌片石护脚矮墙+护面墙支护	恢复并完善路基防、排水系统	恢复外露坡面植被护坡
		填方或路肩挡墙局部破坏和崩塌	1)挡墙加固 (1)墙趾前用地不受限:增设体外混凝土扶壁墙加固 (2)墙趾前用地受限:增设墙面预应力锚杆网格梁加固 (3)挡墙崩塌:采用混凝土挡墙恢复 2)基础处治 (1)增设扶壁墙:增设混凝土承台基础 (2)挡墙基础受临近道路或建筑物施工开挖影响:增设锚杆护面墙加固 3)地基加固 地基承载力或挡墙抗滑能力不足:增设微型钢管桩或废旧护栏立柱钢管加固地基 4)冲刷防护 坡脚受水流淘刷或浸泡:增设拦水导流矮墙,必要时改沟,以导治水流 5)路面纵向裂缝:封缝处治	恢复并完善路基防、排水系统	恢复外露坡面植被护坡

由表 5.8 可知,安徽省山区营运高速公路边坡病害的典型防治措施有:挖方边坡主要采取增设坡脚矮挡墙、锚杆挂网喷混合预应力锚杆框架梁的处治方式,填方挡墙边坡主要采取增设体外扶壁墙及墙面预应力锚杆网格梁的处治方式。针对坡脚用地受限的边坡病害,通过增设预应力锚杆框架梁并配合防排水设施和坡面植被防护的措施进行恢复与完善,既能缩短养护工期,又能节约养护成本,同时兼顾了环境友好;对于坡面易受冲刷影响的挖方边坡,可在刷坡卸载的基础上,增设坡脚/平台挡墙+预应力锚杆框架梁加固,坡面配合植生袋绿化,以提高边坡稳定性;针对坡脚用地不受限、挡墙稳定性不足的填方边坡病害,通过增设微型钢管桩或废旧护栏立柱钢管联合扶壁墙加固的处治措施,可充分发挥废旧材料使用价值,并增强扶壁结构的强度和稳定性。

5.2　山区营运高速公路边坡稳定性风险评价指标体系构建

边坡病害是边坡在多种内、外因素的综合作用下而发生的局部变形、滑动、倾倒、崩塌、坍塌、拉裂和流动等现象。在高速公路运营过程中,填方边坡与挖方边坡的稳定性风险水平高低关系公路的安全运营与建设成本。影响边坡稳定性风险的因素众多,对于边坡失稳事件,往往不能判断其因某一个因素而发生破坏。比如,水会通过多种方式对边坡稳定性造成影响，但单独分析一种因水产生劣化导致边坡失稳风险增大是不科学的。又如，黏土因其物理力学性能非常复杂，很难判断边坡是因其软化还是渐进式强度衰减而发生破坏，抑或是两者兼具。

在边坡稳定性风险的诸多影响因素中，对可能诱发边坡病害、失稳或灾害发生的不利于边坡稳定的影响因素可称之为危险诱发类因素，其是在边坡技术状况演化过程中不断降低边坡稳定性的动力因素，如坡体几何特征、坡体岩土性质等；对能在一定程度上抑制边坡病害、失稳或灾害发生的有利于边坡稳定的影响因素可称之为危险抑制类因素，如坡面防护工程、排水设施、支挡结构等；而边坡病害、失稳或灾害发生后可能造成危害的影响因素则称之为危害类因素，如对路内设施的危害程度、对周边设施的危害程度等。

因此，科学构建评价指标体系是进行山区营运高速公路边坡稳定性风险评价的基础，应根据风险影响因素进行分析，遵循相应的原则和方法，选择有代表性的指标来建立合理的评价指标体系。

5.2.1　评价指标体系建立原则

针对边坡稳定性风险评价问题，应全面考虑所有可能诱发边坡失稳和抑制边坡失稳的因素，以及边坡失稳对边坡周边设施或生命财产造成的潜在危害性，从而综合评判坡体所处的稳定性风险水平。因此，指标体系的建立应遵循以下基本原则。

1）系统性原则

山区营运高速公路边坡稳定性风险的影响因素包括地形地貌、坡体几何特征、气象与水文地质条件、防护工程、支挡结构、排水设施、对公路周边环境危害程度等，各个因素之间相互作用，导致边坡稳定性状态的劣化或失效。因此，要从整体考虑，兼顾各方面因素的关联，使选取的指标关键且不冗余，构建一个全面有效的评价指标体系。

2）科学性原则

评价指标的选取应建立在科学研究的基础上，通过已经被广泛认可的科研成果和结论，结合实际情况客观公正、准确合理地选择指标，以选择能正确反映山区营运高速公路边坡稳定性风险程度的因素，并根据其作用机理选择相应的指标，从而保证风险评价结果的科学性。

3）可操作性原则

指标的选取应考虑实际情况，能正确反映安徽省山区营运高速公路边坡稳定性风险状况，最好能结合评价的目标边坡选取指标。指标的概念应清晰明了，使高速公路边坡养护管理人员能准确理解指标的含义。指标的数据获取应方便有效，使评价过程顺利进行。对于难以量化和主观评判的指标，应予以摒弃。

4）适用性原则

应基于多年营运高速公路服役边坡失稳病害分析及边坡稳定性风险评估实践，建立并应用可靠、实用的模型，使得风险评估体系和方法达到客观科学、快速准确评判的目的。

5）可比性原则

边坡稳定性风险评价的结果表达往往是相对的，所以选取的指标应遵循可比性原则。评价对象的指标存在优劣差异，才能对山区营运高速公路边坡稳定性风险的高低作出具体界定和分析。

6）定性与定量相结合原则

定量的指标能客观反映山区营运高速公路边坡稳定性风险的实际情况，但是有些潜在的风险难以量化，需要构造定性的指标，两者结合保证评价结果的全面准确性。

7）一致性原则

在指标体系的建构方面，保持与《岩土工程勘察规范》（GB 50021—2001）（2009 版）、《土的工程分类标准》（GB/T 50145—2007）、《工程岩体分级标准》（GB/T 50218—2014）、《公路路基养护技术规范》（JTG 5150—2020）、《公路技术状况评定标准》（JTG 5210—2018）、《公路自然区划标准》（JTJ 003—1986）等国家和行业技术标准和规范的一致性。

5.2.2　评价指标体系建立

基于评价指标体系建立原则，依据大别山区和皖南山区营运高速公路边坡状况调研，结合边坡病害影响因素的分析，根据国家相关标准、行业规范以及现有研究成果，选取相关评价指标。为准确分析各指标对山区营运高速公路边坡稳定性风险的影响，经多次听取、征求专家意见，参考《中国地震动参数区划图》（GB 18306—2015）、《岩土工程勘察规范》（GB 50021—2001）（2009 版）、《建筑结构可靠性设计统一标准》（GB 50068—2018）、《降水量等级》（GB/T 28592—2012）、《土的工程分类标准》（GB/T 50145—2007）、《工程岩体分级标准》（GB/T 50218—2014）、《公路工程结构可靠性设计统一标准》（JTG 2120—2020）、《公路路基养护技术规范》（JTG 5150—2020）、《公路技术状况评定标准》（JTG 5210—2018）、《公路工程地质勘察规范》（JTG C20—2011）、《公路路基设计规范》（JTG D30—2015）、《公路沥青路面设计规范》（JTG D50—2017）、《公路养护安全作业规程》（JTG H30-2015）、《公路自然区划标准》（JTJ 003—1986）等标准、规范及相关文献资料[37~41]，确立边坡稳定性风险的评价指标体系。

通过大量的野外调研及建设期和营运期处治情况的历史数据调查统计，根据国家相关标准、行业规范以及现有研究成果，结合安徽省山区营运高速公路边坡建养历史资料的相关特点，综合专家意见和建议，考虑工程实际，区分挖方边坡和填方边坡，将安徽省山区营运高速公路边坡稳定性风险相关影响因素归纳成 3 类（危险诱发类指标、危险抑制类指标和危害类指标）加以定性定量分析。其中，危险诱发类指标包括微地形地貌、工程地质条件、气象与水文地质条件、坡体断面几何特征、坡体岩土性质、坡体变形状况和其他诱发因素；危险抑制类指标包括排水设施状况、防护工程状况、支挡结构状况和其他抑制因素；危害类指标包括对高速公路危害程度、对周边设施危害程度和对环境危害程度。据此，采用指标体系法，对这些因素进行收集、归纳、整理，按照一定的逻辑条件和层次关系，梳理影响因素和边坡稳定性状况的相关关系，并根据边坡工程的具体情况建立一套科学、系统的综合指标体系，具体如表 5.9 所示。

5.2.3　评价指标评分标准

评分标准根据各类指标的不同予以综合考虑。其中，危险类指标评分标准采用百分制，评分值根据评分标准进行 n 等分；危害类指标评分值，考虑边坡病害的可能影响程度，参照现行《公路路基设计规范》（JTG D30—2015）边坡稳定性验算中稳定安全系数的规定，即不同工况下高速公路和一级公路的路堤边坡稳定安全系数宜为 1.20~1.45、路堑边坡稳定安全系数宜为 1.10~1.30, 缩小指标之间评分值的差距, 各指标分值取 70~100 分, 评分标准按百分制在此范围内进行 n 等分。

表 5.9　山区营运高速公路边坡稳定性风险评估指标体系

一级指标	二级指标	三级指标	
危险诱发类指标 (X)	微地形地貌 (X_1)	山体最大相对高差 (X_{11})、山体自然坡度 (X_{12})	
	工程地质条件 (X_2)	地质灾害易发分区 (X_{21})、地震动峰值加速度 (X_{22})	
	气象与水文地质条件 (X_3)	日最大降雨量 (X_{31})、年降水量 (X_{32})、最低月平均气温 (X_{33})、地表水活动 (X_{34})、地下水活动 (X_{35})	
	坡体断面几何特征 (X_4)	边坡高度 (X_{41})、边坡坡角 (X_{42})	
	坡体岩土性质 (X_5)	填方边坡	坡体填料 (X_{51})、基底坡面与边坡坡向的关系 (X_{52})、基底条件 (X_{53})、控制性层面 (X_{54})
		土质挖方边坡	土体类型 (X_{51})、土体密实度 (X_{52})、土体湿度状态 (X_{53})、黏性土稠度状态 (X_{54})
		岩质挖方边坡	岩石坚硬程度 (X_{51})、结构面发育程度 (X_{52})、结构面结合程度 (X_{53})、外倾结构面倾角 (X_{54})
	坡体变形状况 (X_6)	坡体病害历史 (X_{61})、坡体变形现状 (X_{62})	
	其他诱发因素 (X_7)	交通荷载等级 (X_{71})、人为扰动 (X_{72})、浸水冲蚀 (X_{73})、其他偶发因素 (X_{74})	
危险抑制类指标 (Y)	排水设施状况 (Y_1)	地表排水设施 (Y_{11})、地下排水设施 (Y_{12})	
	防护工程状况 (Y_2)	植物防护 (Y_{21})、工程防护 (Y_{22})、综合防护 (Y_{23})、导流建筑物 (Y_{24})	
	支挡结构状况 (Y_3)	挡土墙 (Y_{31})、锚固结构 (Y_{32})、抗滑桩 (Y_{33})	
	其他抑制因素 (Y_4)	植被覆盖度 (Y_{41})、管养水平 (Y_{42})	
危害类指标 (Z)	对高速公路危害程度 (Z_1)	预计路内设施危害程度 (Z_{11})、预计中断交通时间 (Z_{12})、预估经济损失 (Z_{13})	
	对周边设施危害程度 (Z_2)	设施重要程度 (Z_{21})、设施位置 (Z_{22})	
	对环境危害程度 (Z_3)	环境影响区 (Z_{31})	

1) 边坡稳定性危险诱发类指标

高速公路服役边坡不仅受到来自坡体内部的岩土体性质的缓慢渐进性影响, 还受降雨、人为扰动、行车荷载等外部因素的持续性、周期性或偶然扰动, 致使依据相关规范限定的安全系数设计的边坡仍然频频发生规模不一的失稳现象。危险诱发类指标是与可能诱发边坡病害、失稳或灾害等危险事实发生的影响因素的综合指标, 包括微地形地貌、工程地质条件、气象与水文地质条件等宏观尺度的影响因素及坡体断面几何特征、坡体岩土性质、坡体变形状况等微观尺度的影响因素。

（1）微地形地貌。

山区高速公路边坡所处山体的几何特征会影响边坡的稳定性，当高速公路途经高起伏低山、中山、高山，且地势起伏较大，往往需要高填深挖，因而形成了大规模坡高不一、具有潜在危险性的填方、挖方边坡，加之外界环境的扰动，影响其稳定性。安徽山川壮丽，地形地貌类型众多，针对山区营运高速公路边坡稳定性风险的研究，微地形地貌包括山体最大相对高差和山体自然坡度。

山体最大相对高差，是指边坡所处山体的山顶至山脚（或谷底）的高差。参考相关文献[42]，低丘多分布在芜湖南部、皖南山区西缘、沿江地区，零散见于江淮地区等地；中丘、高丘多分布在大别山和皖南山区及其北侧、祁门、屯溪、沿江地区等地；低起伏低山多分布在巢湖、东至、大别山和皖南山间盆地、沿江等地；高起伏低山多分布在池州、东至、大别山和皖南山区等地；中山多分布在大别山和皖南山区及其腹地。

山体自然坡度，是指坡体调查范围内填、挖前的自然山体最大综合坡度，具体根据国际地理学联合会地貌调查与地貌制图委员会关于地貌详图应用的坡地分类来划分坡度等级。微地形地貌的三级指标评分标准如表 5.10 所示。

表 5.10　微地形地貌的三级指标评分标准

评估指标	评分标准	分值	说明
山体最大相对高差 （X_{11}）	$\Delta H \leqslant 50$ m	20	低山
	50 m$<\Delta H \leqslant 200$ m	40	中山、高山
	200 m$<\Delta H \leqslant 300$ m	60	低起伏低山
	300 m$<\Delta H \leqslant 500$ m	80	高起伏低山
	$\Delta H>500$ m	100	中山、高山
山体自然坡度 （X_{12}）	$\beta \leqslant 5°$	20	微斜坡、缓斜坡
	$5°<\beta \leqslant 15°$	40	斜坡
	$15°<\beta \leqslant 35°$	60	陡坡
	$35°<\beta \leqslant 55°$	80	峭坡
	$\beta>55°$	100	垂直壁

（2）工程地质条件。

山区营运高速公路边坡的工程地质条件主要考虑不良地质条件和地震动峰值加速度。不良地质条件是指边坡所处不良地质分区，安徽省平原、台地、丘陵、山地等类型齐全，大规模的公路建设必然会遇到各种不良地质条件，如岩溶、滑坡、危岩、崩塌与岩堆、泥石流等，导致边坡存在稳定性隐患。根据《安徽省区域地质灾害调查与区划报告》中的相关研究成果，通过对安徽省典型山区不良地质灾害进行调研统计分析，将其分为不易发区、低易发区、中易发区、高易发区 4 类，具体如表 5.11 所示。在此基础上，结合《安徽省地质灾害防治"十四五"规划（2021—2025 年）》[43]中的地质灾害易发分区图，将地质灾害易发分区作为评估指标，分区等级标准为地质灾害非易发区、地质灾害低易发区、地质灾害中易发区和地质灾害高易发区。

表 5.11　安徽省典型山区各县市不良地质分区

不良地质危害度分区	不良地质乡镇分区(部分区县有的乡镇不在表格中)
不易发区	黄山市休宁县(中部的海阳、万安、兰渡、齐云山、渠口、冰潭、江潭、溪口、陈霞、五城、商山、洪里、秀阳、东临溪、榆村等的全部或部分); 黄山市屯溪区、徽州区(潜口、长龄桥、傍霞); 黄山市祁门县(芦里、天琅坞)
低易发区	六安市裕安区、金安区(裕安区的狮子岗、石板冲,金安区的横塘岗、张店等,东西汲河、淠河、丰乐河上游支流的部分河岸段); 六安市霍山县(衡山、下符桥、但家庙等); 安庆市潜山市(源潭、余井、梅城、痘姆、黄铺大部分,黄泥、王河、油坝乡镇); 安庆市岳西县(冶溪镇); 黄山市休宁县(中部的兰渡、渭桥、秀阳、万安等部分,中东部的洪里、秀阳、五城等全部或部分,最东部的东临溪部分地区); 黄山市屯溪区、徽州区(屯溪城区北部的黄罗山周围,屯溪区西部的羊山尖); 黄山市黄山区(新丰以西,郭村、贤村的局部,谭家桥镇); 黄山市祁门县(北部的雷湖乡、安凌镇、赤岭乡的部分地区)
中易发区	六安市裕安区、金安区(裕安区的石婆店、独山、青山,金安区的东河口); 六安市霍山县(上土市、太平畈、黑石渡、横山、单龙寺、与儿街); 安庆市潜山市(槎水、塔畈、黄柏等大部分,官庄、源潭等局部); 安庆市岳西县(东南部,包括响肠镇、菖蒲镇的大部及田头乡的部分;西部,包括白帽镇的全部,店前镇、冶溪镇的大部及河图镇的部分;东北部,包括姚河乡的大部,头陀镇的部分); 黄山市休宁县(中部的渭桥、陈霞、溪口,东南部的白际、郑湾洲等,最南部的龙田、岭南等乡镇); 黄山市屯溪区、徽州区(呈阳、小容、周林田、黄罗尖、云村、戴震公园); 黄山市黄山区(新丰、永丰、新华、广阳、乌石、清溪等局部,新明、甘棠、耿城、汤口等大部及黄山风景区,桃园乡以南地区); 黄山市祁门县(祁门的南部,包括芦溪乡、祁红乡、凫峰乡、横联乡的大部或全部,渚口乡、溶口乡、乔山乡全部,新安乡、闪里镇南部的小部分)
高易发区	六安市裕安区、金安区(裕安区的石婆店、独山、西河口等的南部,金安区毛坦厂镇东石笋、李家冲、青山堰、凤凰冲、浸堰村,东河口镇毛岭、牌楼、东冲、华山等村); 六安市霍山县(诸佛庵、落儿岭、佛子岭、大化坪、磨子潭、单龙寺、东西溪、漫水河、太阳等); 安庆市潜山市(官庄大部分,塔畈乡板仓村,七湾村局部,五庙、水吼、天柱山、龙潭、槎水等大部分,余井、梅城、痘姆、黄铺等局部); 安庆市岳西县(主簿镇、巍岭乡、石关乡、黄尾镇、来榜镇、青天乡、包家乡、五河镇、中关乡、天堂镇、温泉镇、毛尖山乡、莲云乡,头陀镇、河图镇、店前镇、田头乡的大部及姚河乡、响肠镇、菖蒲镇、古坊乡的部分); 黄山市休宁县(北部兰田南塘、海阳、兰渡、齐云山等全部或部分,南部的郑湾、源芳、璜尖、汊口、商山、五城、西田、回溪、板桥、汪村、溪口、冰潭、鹤城、流口 14 个乡镇的全部或大部分); 黄山市屯溪区、徽州区(杨村乡、洽舍乡、富溪乡西南部); 黄山市黄山区(龙门、太平湖、甘棠、乌石、桃源、清溪、新明等大部分,郭村、贤村、汤口等局部); 黄山市祁门县(中部及北部的广大地区,包括闪里镇、箬坑乡、彭龙乡、历口镇、古溪乡、小路口镇、灯塔乡、平里镇、塔坊乡、祁山镇、金字牌镇、柏溪乡、大坦乡、胥岭乡的全部,新安乡、渚口乡、溶口乡、乔山乡、安凌镇、雷湖乡、赤岭乡的部分)

地震动峰值加速度，根据《中国地震动参数区划图》(GB 18306—2015)可知，地震动峰值加速度为 0.1~0.4 g 的地区为强震区，结合其中安徽省地震动参数分区值范围，进行影响等级的划分。因此，工程地质条件的三级指标评分标准如表 5.12 所示。

表 5.12　工程地质条件的三级指标评分标准

评估指标	评分标准	分值	说明
地质灾害易发分区 (X_{21})	地质灾害非易发区	25	—
	地质灾害低易发区	50	—
	地质灾害中易发区	75	—
	地质灾害高易发区	100	—
地震动峰值加速度 (X_{22})	$\alpha \leqslant 0.05g$	20	—
	$0.05g < \alpha \leqslant 0.10g$	40	—
	$0.10g < \alpha \leqslant 0.15g$	60	—
	$0.15g < \alpha \leqslant 0.20g$	80	—
	$\alpha > 0.20g$	100	—

(3)气象与水文地质条件。

气象与水文地质条件对基础建设设施有直接影响，比如降水量大，尤其是暴雨时间长、强度大，是坡面冲刷、坍塌、滑坡、泥石流等灾害的激发因素；而地下水的移动情况又不同程度地影响路基的稳定。

影响边坡稳定性的气象条件主要为降水，连绵雨水或峰值降雨渗入岩土体，通过水与岩土体的相互作用，短时间内极大地降低了路基边坡浅层坡体的抗剪强度，从而降低了边坡抵抗变形破坏的能力。特别是对于二元介质边坡，若浅层下优岩体，在长时间的雨水浸泡和冲刷作用下，使得路基边坡滑动面的岩体进一步软化，同时山坡上部土体重量加大，抗力减小而效应增大，引发边坡病害和灾害。在气温较低的情况下，水在冰冻环境中，导致路基边坡冻胀破坏和大面积膨胀开裂，也极易诱发路基边坡地质灾害。降水量是指某一时段内，从天空降落到地面上的液态(降雨)或固态(降雪)(经融化后)降水，未经蒸发、渗透、流失而在水平面上积聚的深度。通常，降雨强度与降雨量越大，降雨历时越长，边坡越易被冲刷或失稳。在雨季期间，累积降雨量在 50~100 mm、日降雨量在 50 mm 以上时，就有小型的浅层滑坡发生；当累积降雨量在 150 mm 以上、日降雨量大于 100 mm 时，中等规模的堆积层滑坡和破碎岩石滑坡开始出现；当 1 次暴雨过程的累积降雨量在 250 mm 以上、日降雨量大于 105 mm 时，滑坡即大量发生，一些大型和巨型滑坡也大量出现。通过降雨预测坡体变形、灾害的受控因素，已有的方法多只适合某些局部区域，需要的数据多，不易获取，不能独立于坡体环境因素之外。

综合考虑，采用日最大降雨量、年降水量、最低月平均气温作为气象条件的评价指标。其中，日最大降雨量，根据《降水量等级》(GB/T 28592—2012)的 24 h 降雨量等级划分确定评分标准；年降水量，根据《公路自然区划标准》(JTJ 003—1986)二级区划的特征与指标划分评分标准,在确定边坡的年降水量等级时,可参考上年度发布的《安徽省统计年鉴》中各地市全年降水量;最低月平均气温,以安徽省各地市 1 月份的平均气温作为最低月平均气温。

气象与水文地质条件考虑的主要是经常性流水与地下水的作用[44],常见的经常性流水如河流,对边坡的影响主要体现在对公路路基边坡及其所处山体稳定性的干扰。在河流发育的区域,受地形的限制,公路沿河谷阶地布设,在汛期容易引起洪水位上升以及水流一般冲刷和局部冲刷增强,出现临河路基边坡的淹没、浸泡及冲刷等现象。所有这些地面水与地下水都会影响边坡及其所处山体的稳定性,如果防护、处治不当,常会造成路基边坡及其所处山体的失稳,进而影响公路运营安全。综合考虑,采用地表水活动和地下水活动作为水文地质条件的评价指标。其中,地表水活动主要指边坡及其所处山体范围及周边排泄雨水的畅通性和有无积水的可能,分为排泄畅通、排泄较畅通、排泄较不畅、排泄不畅 4 类。排泄畅通指坡体无任何淤积,排泄较畅通指存在小部分淤积,排泄较不畅指存在大范围淤积或边沟淤积段为总长度的 50%~70%,排泄不畅指无法排泄地表水或淤积段占总长度的 70%以上。地下水活动,主要指边坡及其所处山体范围及周边的渗水情况,分为坡面无渗水、坡面点状渗水、坡面线状渗水、坡面面状渗水 4 类。气象与水文地质条件的三级指标评分标准如表 5.13 所示。

表 5.13　气象与水文地质条件的三级指标评分标准

评估指标	评分标准	分值	说明
日最大降雨量 (X_{31})	$Q_d \leq 24.9$ mm	20	微量降雨(零星小雨)、小雨、中雨
	25.0 mm $\leq Q_d \leq 49.9$ mm	40	大雨
	50.0 mm $\leq Q_d \leq 99.9$ mm	60	暴雨
	100.0 mm $\leq Q_d \leq 249.9$ mm	80	大暴雨
	$Q_d \geq 250.0$ mm	100	特大暴雨
年降水量 (X_{32})	$Q_y \leq 600$ mm	25	—
	600 mm $< Q_y \leq 1000$ mm	50	—
	1000 mm $< Q_y \leq 1400$ mm	75	—
	$Q_y > 1400$ mm	100	—
最低月平均气温 (X_{33})	$T_{min} \geq 6$℃	25	—
	6℃ $> T_{min} \geq 4$℃	50	—
	4℃ $> T_{min} \geq 2$℃	75	—
	$T_{min} < 2$℃	100	—
地表水活动 (X_{34})	排泄畅通	25	无任何淤积
	排泄较畅通	50	存在小部分淤积
	排泄较不畅	75	存在大范围淤积
	排泄不畅	100	无法排泄地表水

续表5.13

评估指标	评分标准	分值	说明
地下水活动 (X_{35})	坡面无渗水	25	—
	坡面点状渗水	50	—
	坡面线状渗水	75	—
	坡面面状渗水	100	—

(4)断面几何特征。

坡体的断面几何特征包括边坡高度和边坡坡角,且填方边坡、土质挖方边坡、岩质挖方边坡在确定评分标准时各不相同。对于岩土互层的二元介质边坡,则分别按土质挖方边坡和岩质挖方边坡的几何特征进行评分。

边坡高度,即坡顶到坡脚的高差,在力学上与下边坡的应力大小和孔隙水压力有关。根据《公路路基设计规范》(JTG D30—2015),填方边坡分为 $H \le 3$ m、3 m$<H \le 8$ m、8 m$<H \le 15$ m、$H > 15$ m 4 类;土质挖方边坡分为 $H \le 8$ m、8 m$<H \le 20$ m、20 m$<H \le 30$ m、30 m$<H \le 40$ m、$H > 40$ m 5 类;岩质挖方边坡分为 $H \le 15$ m、15 m$<H \le 30$ m、30 m$<H \le 45$ m、45 m$<H \le 60$ m、$H > 60$ m 5 类。

边坡坡角,指边坡综合坡率换算得到的角度 θ,用于描述边坡的陡斜程度。根据《公路路基设计规范》(JTG D30—2015)中边坡坡率划分原则,同时考虑岩土体性质,按规范坡率换算成坡角,以 1:0.2~1:0.25 的综合坡率增减确定坡角评分标准。填方边坡,按综合坡率 1:2.25、1:2、1:1.75、1:1.5 换算成坡角,分为 $\theta \le 24.0°$、$24.0° < \theta \le 26.6°$、$26.6° < \theta \le 29.7°$、$29.7° < \theta \le 33.7°$、$\theta > 33.7°$ 5 类;土质挖方边坡,按综合坡率 1:1.5、1:1.3、1:1.1、1:0.9 换算成坡角,分为 $\theta \le 33.7°$、$33.7° < \theta \le 37.6°$、$37.6° < \theta \le 42.3°$、$42.3° < \theta \le 48.0°$、$\theta > 48.0°$ 5 类;岩质挖方边坡,按综合坡率 1:1、1:0.8、1:0.6、1:0.4 换算成坡角,分为 $\theta \le 45.0°$、$45.0° < \theta \le 51.3°$、$51.3° < \theta \le 59.0°$、$59.0° < \theta \le 68.2°$、$\theta > 68.2°$ 5 类。断面几何特征的三级指标评分标准如表 5.14 所示。

表 5.14　坡体断面几何特征的三级指标评分标准

评估指标		评分标准	分值	说明
边坡高度 (X_{41})	填方边坡	$H \le 3$ m	25	—
		3 m$<H \le 8$ m	50	—
		8 m$<H \le 15$ m	75	—
		$H > 15$ m	100	—
	土质挖方边坡	$H \le 8$ m	20	—
		8 m$<H \le 20$ m	40	—
		20 m$<H \le 30$ m	60	—
		30 m$<H \le 40$ m	80	—
		$H > 40$ m	100	—

续表5.14

评估指标		评分标准	分值	说明
边坡高度 (X_{41})	岩质挖方边坡	$H \leqslant 15$ m	20	—
		15 m$<H \leqslant 30$ m	40	—
		30 m$<H \leqslant 45$ m	60	—
		45 m$<H \leqslant 60$ m	80	—
		$H>60$ m	100	—
边坡坡角 (X_{42})	填方边坡	$\theta \leqslant 24.0°$	20	综合坡率 $m \leqslant 1:2.25$
		$24.0°<\theta \leqslant 26.6°$	40	$1:2.25<m \leqslant 1:2$
		$26.6°<\theta \leqslant 29.7°$	60	$1:2<m \leqslant 1:1.75$
		$29.7°<\theta \leqslant 33.7°$	80	$1:1.75<m \leqslant 1:1.5$
		$\theta>33.7°$	100	$m>1:1.5$
	土质挖方边坡	$\theta \leqslant 33.7°$	20	综合坡率 $m \leqslant 1:1.5$
		$33.7°<\theta \leqslant 37.6°$	40	$1:1.5<m \leqslant 1:1.3$
		$37.6°<\theta \leqslant 42.3°$	60	$1:1.3<m \leqslant 1:1.1$
		$42.3°<\theta \leqslant 48.0°$	80	$1:1.1<m \leqslant 1:0.9$
		$\theta>48.0°$	100	$m>1:0.9$
	岩质挖方边坡	$\theta \leqslant 45.0°$	20	综合坡率 $m \leqslant 1:1$
		$45.0°<\theta \leqslant 51.3°$	40	$1:1<m \leqslant 1:0.8$
		$51.3°<\theta \leqslant 59.0°$	60	$1:0.8<m \leqslant 1:0.6$
		$59.0°<\theta \leqslant 68.2°$	80	$1:0.6<m \leqslant 1:0.4$
		$\theta>68.2°$	100	$m>1:0.4$

对于二元介质边坡,应按土质挖方边坡和岩质挖方边坡分别对边坡高度和边坡坡角三级指标评分,取二者的大值作为评分值

（5）坡体岩土性质。

坡体岩土性质对边坡稳定性有着重要影响,从介质材料角度将其区分为填方边坡、土质挖方边坡和岩质挖方边坡确定相应的评价指标。对于二元介质边坡,应分别按土质挖方边坡和岩质挖方边坡的坡体岩土性质进行评分。

填方边坡的评价指标包括坡体填料、基底坡面与边坡坡向的关系、基底条件和控制性层面。坡体填料指标根据《土的工程分类标准》（GB/T 50145—2007）、《公路土工试验规程》（JTG 3430—2020)和《公路路基设计规范》（JTG D30—2015）的规定划分评分标准,分为巨粒土、粗粒土、细粒土3类;基底坡面与边坡坡向的关系,按坡率1:5和1:2.5换算角度为界限值进行划分,分为反坡、近水平（0≤基底坡面坡角<11.3°)、缓坡（11.3°≤基底坡面坡角<21.8°)、陡坡（基底坡面坡角≥21.8°)4类;基底条件按《公路路基设计规范》（JTG D30—2015）的规定划分评分标准,分为硬质岩、软质岩、土层3类;控制性层面分为

无、有 2 类,"无"指无外倾不利结构面或软弱层,"有"指存在外倾不利结构面或软弱层。

土质挖方边坡的评价指标包括土体类型、土体密实度、土体湿度状态、黏性土稠度状态。不同类型的土含有不同粒径的土颗粒。砂粒成分多的土强度构成以内摩擦角为主,强度高,受水影响小,但施工时不易压实;粉土类的土毛细现象强烈,路基的强度和承载力随毛细水上升、湿度增大而下降,在负温度坡差作用下则更为复杂;黏粒成分多的土,强度以黏聚力为主,且随密实度的不同变化较大,并随湿度的增大而降低,从而影响边坡的稳定性。边坡土体类型根据《岩土工程勘察规范》(GB 50021—2001)(2009 版)和《公路工程地质勘察规范》(JTG C20—2011)的规定划分评分标准,分为碎石土、砂土、粉土、黏性土 4 类。其中,非黏性土(碎石土、砂土、粉土)按照密实度和湿度状态判定边坡的稳定状态,黏性土按照稠度状态判定边坡的稳定状态。密实度分为密实、中密、稍密、松散 4 类;湿度状态分为稍湿、湿、很湿 3 类;黏性土稠度状态分为坚硬、硬塑、可塑、软塑 4 类,因流塑状态边坡不能自立,取消此档。

岩质挖方边坡的评价指标包括岩石的坚硬程度、结构面发育程度、结构面结合程度和外倾结构面倾角。边坡破坏与岩体存在的不连续条件有密切关系,边坡岩体结构面发育密集无序、倾角较大等都可能导致坡体破坏。其三级指标根据《岩土工程勘察规范》(GB 50021—2001)(2009 版)、《公路工程地质勘察规范》(JTG C20—2011)和《工程岩体分级标准》(GB/T 50218—2014)划分评分标准。岩体稳定性的基本属性是岩石坚硬程度和岩体完整程度,岩体完整程度包括结构面发育程度和结合程度。另外,外倾结构面倾角大小也是决定坡体稳定的关键因素之一。因此,按照野外容易判定掌握的原则,将岩石的坚硬程度、结构面发育程度、结构面结合程度和外倾结构面倾角 4 个要素作为评价指标。坡体岩土性质的三级指标评分标准如表 5.15 所示。

表 5.15　坡体岩土性质的三级指标评分标准

评估指标		评分标准	分值	说明
填方边坡	坡体填料 (X_{51})	巨粒土	33	—
		粗粒土	67	—
		细粒土	100	—
	基底坡面与边坡坡向的关系 (X_{52})	反坡	25	
		近水平(0°≤基底坡面坡角<11.3°)	50	基底坡面综合坡率 $m<1:5$
		缓坡(11.3°≤基底坡面坡角<21.8°)	75	$1:5≤m<1:2.5$
		陡坡(基底坡面坡角≥21.8°)	100	$m≥1:2.5$
	基底条件 (X_{53})	硬质岩	33	—
		软质岩	67	—
		土层	100	—
	控制性层面 (X_{54})	无外倾不利结构面或软弱层	50	—
		存在外倾不利结构面或软弱层	100	—

续表5.15

评估指标		评分标准	分值	说明
土质挖方边坡	土体类型ᵃ (X_{51})	碎石土	25	—
		砂土	50	—
		粉土	75	—
		黏性土	100	—
	土体密实度 (X_{52})	密实	25	—
		中密	50	—
		稍密	75	—
		松散	100	—
	土体湿度状态 (X_{53})	稍湿	33	—
		湿	67	—
		很湿	100	—
	黏性土稠度状态 (X_{54})	坚硬	25	—
		硬塑	50	—
		可塑	75	—
		软塑	100	—
岩质挖方边坡	岩石的坚硬程度 (X_{51})	坚硬岩	20	—
		较坚硬岩	40	—
		较软岩	60	—
		软岩	80	—
		极软岩	100	—
	结构面发育程度 (X_{52})	Ⅰ：结构面 1~2 组，平均间距>1 m，呈整体或巨厚层状结构	20	—
		Ⅱ：结构面 1~3 组，平均间距 1~0.4 m，呈块状或厚层状结构	40	—
		Ⅲ：结构面≥3 组，平均间距 1~0.2 m，呈裂隙块状或中厚层状，镶嵌碎裂、薄层状结构	60	—
		Ⅳ：结构面 ≥3 组，平均间距 0.4~0.2 m，呈裂隙块状或碎裂结构	80	—
		Ⅴ：结构面发育密集无序，岩体呈散体状结构	100	—

续表5.15

评估指标		评分标准	分值	说明
岩质挖方边坡	结构面结合程度（X_{53}）	好	25	—
		一般	50	—
		差	75	—
		很差	100	—
	外倾结构面倾角（X_{54}）	近水平(0~5°)或内倾	25	—
		>76.0°或<26.6°	50	—
		26.6°~76.0°	75	—
		结构面无明显规律	100	—

对于二元介质边坡，应按土质挖方边坡和岩质挖方边坡分别对相应的三级指标评分，并计算二级指标分值，取二者的大值作为坡体岩土性质二级指标分值

a：当土质挖方边坡土体类型为黏性土时，计算 X_{51} 和 X_{54} 2项指标得分；土体为非黏性土(碎石土、砂土、粉土)时，计算 X_{51}、X_{52} 和 X_{53} 3项指标得分

（6）坡体变形状况。

坡体变形状况也会对边坡稳定性存在一定的影响。当坡体范围内发生过坡面冲刷、局部表观性破损、结构性损坏或边坡整体破坏，说明该边坡易发生坡体变形，在后期管养过程中需要关注其状态变化；当坡体范围内存在局部坍塌、路基沉降等，说明该边坡稳定性风险呈持续发展趋势。坡体变形状况的评价指标包括坡体病害历史和坡体变形现状。

坡体病害历史，根据《公路路基养护技术规范》(JTG 5150—2020)中关于边坡病害类型的相关规定划分评分标准。坡体变形现状，根据《公路技术状况评定标准》(JTG 5210—2018)中关于路基损坏分类的相关规定划分评分标准。坡体变形状况的三级指标评分标准如表 5.16 所示。

表 5.16　坡体变形状况的三级指标评分标准

评估指标	评分标准	分值	说明
坡体病害历史（X_{61}）	无	20	历史上无明显病害
	轻微	40	由雨水冲刷坡面形成深度 10 cm 以上的沟槽(含坡脚缺口)；排水设施堵塞、损坏等
	中等	60	因表层风化等产生的碎石滚落、局部崩塌等；防护工程、支撑结构表观性破损
	较严重	80	表面松散破碎或雨水冲刷而引起的坡面滑塌；路面结构拉裂、错裂、弧形开裂等；防护工程、支挡结构局部结构性损坏
	严重	100	发生整体剪切破坏引起的坡体下滑，或有明显水平位移；防护工程、支挡结构整体毁坏、失效等

续表5.16

评估指标	评分标准	分值	说明
坡体变形现状 (X_{62})	无	25	无变形、无裂缝
	轻微	50	有少量变形或细微裂缝且无错台;坍塌、路基沉降、路面开裂或路肩损坏等长度<5 m
	中等	75	有局部变形或少量贯通裂缝,错台高度≤30 mm;碎石滚落、表面松散破碎;坍塌、路基沉降、路面开裂或路肩损坏等长度为5~10 m
	严重	100	有鼓胀、隆起现象,裂缝分布密集、贯通,错台高度>30 mm;坍塌、路基沉降、路面开裂或路肩损坏等长度>10 m

(7)其他诱发因素。

其他诱发因素是指未罗列在上述诱发因素中的其他可能诱发边坡病害、失稳或病害的影响因素,包括交通荷载等级、人为扰动、浸水冲蚀以及其他偶发因素。其中,交通荷载等级,根据《公路沥青路面设计规范》(JTG D50—2017)中预测边坡所在路段设计使用年限内设计车道累计大型客车和货车交通量来划分评分标准;人为扰动主要考虑人类欠合理的工程建设和开挖破坏活动,例如当地居民在公路沿线的高陡边坡坡脚建房、坡面开垦等,使得坡体岩石直接裸露或破坏边坡植被,易诱发边坡病害、失稳或灾害等,将其直接分为有、无2类,"有"指坡体或坡面上有不合理的开挖或破坏,"无"指坡体或坡面上无不合理的人类活动;浸水冲蚀分为3类,即无冲刷,坡体受水塘、水库、湖泊等水体浸泡,坡体受天然沟渠、溪流、江河等水流冲刷、淘刷;其他偶发因素,指在边坡范围内不常发生的偶然意外事件,如偶发性的车辆碰撞、爆炸、洪水等,也可能导致边坡坡体结构受损或破坏,分为有、无2类,"有"指有明显车辆碰撞、爆炸、洪水等偶然破坏作用,"无"指无明显车辆碰撞、爆炸、洪水等偶然破坏作用。其他诱发因素的三级指标评分标准如表5.17所示。

表5.17 其他诱发因素的三级指标评分标准

评估指标	评分标准	分值	说明
交通荷载等级 (X_{71})	轻交通、中等交通	33	交通量<8.0×10⁶ 辆
	重交通	67	8.0×10⁶ 辆≤交通量<19.0×10⁶ 辆
	特重交通、极重交通	100	交通量≥19.0×10⁶ 辆
人为扰动 (X_{72})	坡体或坡面上无不合理的人类活动	50	—
	坡体或坡面上有不合理的开挖或破坏	100	—
浸水冲蚀 (X_{73})	无冲刷	33	—
	坡体受水塘、水库、湖泊等水体浸泡	67	—
	坡体受天然沟渠、溪流、江河等水流冲刷、淘刷	100	—
其他偶发因素 (X_{74})	无明显车辆碰撞、爆炸、洪水等偶然破坏作用	50	—
	有明显车辆碰撞、爆炸、洪水等偶然破坏作用	100	—

2)边坡稳定性危险抑制类指标

边坡稳定性危险抑制类指标是指能在一定程度上抑制边坡病害、失稳或灾害等危险事实发生的影响因素的综合指标,包括边坡的排水设施状况、防护工程状况、支挡结构状况以及其他抑制因素等。

(1)排水设施状况。

排水系统的合理与排水设施的完善决定了公路路基的正常使用寿命[45]。根据布设位置的不同,排水设施可以细分为地表排水设施和地下排水设施。其中,地表排水设施包括边沟、截水沟、排水沟、急流槽与跌水、蒸发池等分项工程;地下排水设施包括排水孔、仰斜排水孔、渗井、排水隧洞、盲沟(渗沟)、集水井等分项工程。根据《公路路基养护技术规范》(JTG 5150—2020)和《公路技术状况评定标准》(JTG 5210—2018)中有关的排水设施病害类型,确定排水设施状况的三级指标评分标准如表 5.18 所示。

表 5.18　排水设施状况的三级指标评分标准

评估指标	评分标准	分值	说明
地表排水设施 (Y_{11})、 地下排水设施 (Y_{12})	齐全完善,排水畅通	20	—
	不完善,存在垃圾、杂物	40	—
	存在全截面堵塞	60	—
	存在衬砌剥落、破损、圬工体破裂、管道损坏等	80	—
	与外部排水系统不连通	100	—
对于三级指标的各分项工程,应分别进行评分,取其中最大分值作为评分值			

(2)防护工程状况。

坡面防护工程设置在稳定的边坡上,主要通过将坡面封闭或隔离,使其免受雨水冲刷,减少温差及湿度变化影响,防止和延缓软弱岩土表面的风化、碎裂、剥蚀演变过程。根据防护方式的不同,防护工程可以分为植物防护、工程防护、综合防护和导流建筑物 4种。其中,植物防护包括植草或喷播植草、铺草皮、种植灌木、喷混植生等分项工程;工程防护包括喷护、挂网喷护、干砌片石护坡、浆砌片石护坡、混凝土护坡、护面墙、石笼、抛石、护坦、排桩等分项工程;综合防护包括骨架植物防护、空心六棱块植草防护、柔性防护结构等分项工程;导流建筑物包括丁坝、顺坝等分项工程。当土质和气候条件适宜,可采用植物防护;当植被防护的坡面有可能产生冲刷时,可设置浆砌片石或水泥混凝土骨架;对完整性较好且稳定的弱、微风化硬质岩石边坡,可不作防护。根据《公路路基养护技术规范》(JTG 5150—2020)和《公路技术状况评定标准》(JTG 5210—2018)中有关的防护工程病害类型,确定防护工程状况的三级指标评分标准如表 5.19 所示。

表 5.19　防护工程状况的三级指标评分标准

评估指标	评分标准	分值	说明
植物防护 (Y_{21})	完好，无明显坡面冲刷	25	—
	冲沟深度小于 20 cm	50	—
	冲沟深度 20~50 cm	75	—
	冲沟深度大于 50 cm	100	—
工程防护 (Y_{22})、 导流建筑物 (Y_{24})	完好，无明显损坏	33	—
	勾缝损坏、沉降缝损坏、表面破损、坡面渗水、坡面漏水、排水孔堵塞、钢筋外露和锈蚀等表观性破损	67	—
	局部的基础淘空、墙体脱空、轻度裂缝、鼓肚、下沉等结构性损坏	100	—
综合防护 (Y_{23})	分别按植物防护和工程防护的标准评分，取二者的较大值作为评分值		
对于三级指标的各分项工程，应分别进行评分，取其中最大分值作为评分值			

（3）支挡结构状况。

支挡结构是岩土工程的一个非常重要的组成部分。根据支挡方式的不同，支挡结构可以分为挡土墙、锚固结构、抗滑桩 3 种。其中，挡土墙又细分为重力式挡土墙、半重力式挡土墙、石笼挡土墙、悬臂式挡土墙、扶壁式挡土墙、锚杆挡土墙、锚定板挡土墙、加筋土挡土墙、桩板式挡土墙等分项工程；锚固结构又细分为锚杆（索）、锚杆（索）框架梁等分项工程。当坡体稳定性不足时，在满足安全可靠、经济合理、便于施工养护的前提下，应设置必要的支挡加固工程以保证边坡运营过程中的稳定性。根据《公路路基养护技术规范》（JTG 5150—2020）和《公路技术状况评定标准》（JTG 5210—2018）中有关的支挡结构病害类型，确定支挡结构状况的三级指标评分标准如表 5.20 所示。

表 5.20　支挡结构状况的三级指标评分标准

评估指标	评分标准	分值	说明
挡土墙 (Y_{31})	完好，无明显损坏	33	—
	勾缝损坏、沉降缝损坏、表面破损、坡面渗水、坡面漏水、排水孔堵塞、钢筋外露和锈蚀等表观性破损	67	—
	局部的基础淘空、墙体脱空、轻度裂缝、鼓肚、下沉等结构性损坏	100	—
锚固结构 (Y_{32})	完好，无明显损坏	33	—
	锚头锈蚀、封锚混凝土破坏等表观性损坏	67	—
	地梁或框架梁裂缝、锚杆（索）部分损坏等结构性损坏	100	—

续表5.20

评估指标	评分标准	分值	说明
抗滑桩 (Y_{33})	完好，无明显损坏	33	—
	蜂窝、麻面、露筋等表观性损坏	67	—
	裂缝、混凝土局部压溃造成钢筋保护层剥落等结构性损坏	100	—

对于三级指标的各分项工程，应分别进行评分，取其中最大分值作为评分值

（4）其他抑制因素。

高速公路边坡绿化效果对提高边坡稳定性、防止雨水冲刷、提高美观性、保护公路周边生态环境是非常关键的。植被覆盖度作为评价高速公路边坡绿化效果的一个重要指标，是指植被（包括叶、茎、枝）在地面的垂直投影面积占统计区总面积的百分比，主要表征植被水平结构状况，也是反映地表植被覆盖状况和监测生态环境的重要指标。为此，参考相关文献资料[46~48]，选定德氏（Drude）多度分级来划分评分标准，植被覆盖度 0%~25%，表示植株个别遇见，或植株散生，数量不多；植被覆盖度 26%~50%，表示植株较多；植被覆盖度 51%~75%，表示植株很多，但未完全连接；植被覆盖度 76%~100%，表示植株基本覆盖满，地上部分相互连接。

管养水平受制于现场管理人员和作业人员的基本素质水平、操作水平、工作失误、安全意识和各类技术人员配置水平，同时信息的不完整、信息利用的不充分、信息利用手段的落后等，可能导致没有及时发现局部问题，未切实履行科学预防、科学养护的职责，从而发生更严重的边坡失稳灾害。为此，将管养水平的评分标准划分为 2 类，即定期巡检、养护及时与巡检不到位、养护不及时。据此，确定其他抑制因素的三级指标评分标准如表5.21 所示。

表 5.21　其他抑制因素的三级指标评分标准

评估指标	评分标准	分值	说明
植被覆盖度 (Y_{41})	$FVC>75\%$	25	—
	$75\%\geqslant FVC>50\%$	50	—
	$50\%\geqslant FVC>25\%$	75	—
	$25\%\geqslant FVC>5\%$	100	—
管养水平 (Y_{42})	定期巡检，养护及时	50	—
	巡检不到位，养护不及时	100	—

3）边坡稳定性危害类指标

在工程实践中，风险的定义可区分为两类，一类是狭义上的风险，通常指危险事件发生的可能性；另一类是广义上的风险，综合考虑危险事件发生的可能性和事件后果的危害程度。山区营运高速公路边坡稳定性风险是指边坡在内、外各风险因素的作用下产生的边

坡危险性与其带来的危害性的综合效应，即边坡灾害的发生会导致直接或间接的经济损失、边坡周围设施损毁以及生态环境的破坏等不良后果。

综合边坡技术状况的实地调查情况，拟将对高速公路危害程度、对周边设施危害程度、对环境危害程度作为度量边坡失稳危害性的主要影响因素。其中，评分值的取值范围参考《公路路基设计规范》(JTG D30—2015)边坡设计验算中天然工况安全系数取值范围1.1~1.35的情况，综合确定为70~100分。

(1)对高速公路危害程度。

对高速公路危害程度是针对路内设施而言的，路内设施是指沿路线纵向两侧2.0倍坡高范围内的路面、涵洞、通道、交安设施、附属设施等。对高速公路危害程度的三级指标评分标准如表5.22所示。其中，桥梁及隧道等特殊构筑物处边坡的预计路内设施危害程度取100分。

表5.22　对高速公路危害程度的三级指标评分标准

评估指标	评分标准	分值	说明
预计路内设施危害程度(Z_{11})	轻微	70	路内设施仅受到很小的影响或间接的影响，不影响使用
	一般	80	路内设施遭到一些破坏或功能受到一些影响，及时修复后仍能使用；抢修、处置时间预计在1 h以上
	较严重	90	失稳事故发生后，路内设施遭到较大破坏或功能受到较大影响，需要进行专门的加固治理后才能投入正常运营；抢修、处置时间预计在12 h以上
	严重	100	失稳事故发生后，路内设施完全破坏或功能完全丧失；抢修、处置时间预计在24 h以上
预计中断交通时间(Z_{12})	未造成中断	70	—
	1~4 h	80	—
	4~24 h	90	—
	24 h以上	100	—
预估经济损失(Z_{13})	轻微	70	直接经济损失小于100万元
	一般	80	直接经济损失100~500万元
	较严重	90	直接经济损失500~1000万元
	严重	100	直接经济损失大于1000万元

(2)对周边设施危害程度。

营运高速公路边坡失稳的发生，不仅影响高速公路的安全营运，还会给周边设施带来安全隐患，甚至造成损失。周边设施主要包括其他公路、地表建筑物、地下埋藏物、高压线、水体设施等路外设施。考虑到公路的线形特性，参考《在役公路边坡工程风险评价技术规程》(T/CECS G：E70-01—2019)的相关条款，结合实地调研情况，将对周边设施危害程度的具体度量指标确定为设施重要程度、设施位置2项，其三级指标评分标准如表5.23所示。其中，设施重要程度根据《建筑结构可靠性设计统一标准》(GB 50068—2018)和《公路工程结构可靠性设计统一标准》(JTG 2020)等结构物安全等级划分评分标准。

表 5.23　对周边设施危害程度的三级指标评分标准

评估指标	评分标准	分值	说明
设施重要程度 (Z_{21})	安全等级三级	70	次要建筑物和设施
	安全等级二级	85	一般建筑物和设施
	安全等级一级	100	重要建筑物和设施
设施位置 (Z_{22})	设施位于下述范围外	70	—
	坡顶以外 1.5 倍坡高、路基下方 2.0 倍坡高范围内	80	—
	坡顶以外 1.0 倍坡高、路基下方 1.5 倍坡高范围内	90	—
	坡顶以外 0.5 倍坡高、路基下方 1.0 倍坡高范围内	100	—

（3）对环境危害程度。

山区高速公路多依山傍水，边坡失稳的发生会不可避免地对沿线的生态景观等环境保护区产生不良影响。结合调研实际，经综合分析，将环境影响区作为环境危害程度的具体评价指标，根据《建设项目环境影响评价分类管理名录》（2021 年版）的相关规定，分为非环境敏感区和环境敏感区。其中，环境敏感区指依法设立的各级各类保护区域和对建设项目产生的环境影响特别敏感的区域。对环境危害程度的三级评分标准如表 5.24 所示。

表 5.24　对环境危害程度的三级指标评分标准

评估指标	评分标准	分值	说明
环境影响区 (Z_{31})	非环境敏感区	70	—
	环境敏感区	100	—

5.3　小结

通过公路边坡工程分类，在现场调研结果的基础上，根据国家相关标准、技术规范、现有研究成果及专家意见和建议，结合安徽省山区营运高速公路边坡实际情况和特点及病害类型和典型防治措施，分析了挖方和填方 2 大类边坡稳定性风险影响因素，构建了山区营运高速公路边坡稳定性风险评价指标体系及评分标准，主要得到以下研究结果和结论。

（1）为方便建立山区营运高速公路边坡稳定性风险评价指标体系，按土质挖方、岩质挖方和填方 3 类边坡进行分类。通过对安徽省山区营运高速公路 6 年间 69 处典型边坡的病害状况和历史资料的调研（其中挖方边坡 43 处，填方边坡 26 处），统计了服役边坡的常见病害类型及时空分布规律，分析了病害的主要影响因素及典型防治措施。结果表明，边坡病害的主要影响因素包括环境因素、坡体岩土质因素、坡体结构因素和人为因素等 4 个方面，而针对这些典型病害，路堑边坡主要采用锚杆（索）+框架梁、锚杆挂网喷混及坡体卸载+坡脚矮挡墙等措施进行处治，路堤重力式挡墙边坡主要采用增设体外扶壁墙及墙面预应力锚杆网格梁等措施进行加固。

（2）遵循指标的全面性、代表性、可操作性和层次性等原则，依据相关标准、技术规范、研究成果和专家意见，紧密结合安徽省的地形地貌、水文地质及气候环境等条件，以及山区营运高速公路的建养历史和运营状况等情况，构建了山区营运高速公路边坡稳定性风险评价的三级分层指标体系。据此，分析了微地形地貌、工程地质条件、气象与水文地质条件、坡体断面几何特征、坡体岩土性质、坡体变形状况、其他诱发因素等危险诱发类指标，排水设施状况、防护工程状况、支挡结构状况、其他抑制因素等危险抑制类指标，对高速公路、周边设施、环境等危害程度的失稳危害类指标，并确定了三级评价指标的评分标准，从而为后续边坡稳定性分类分级风险评估提供了基础依据。

第 6 章
山区营运高速公路边坡稳定性风险评价方法研究

　　边坡稳定性风险评价是以风险管理理论为基础，通过现场调查并结合工程经验，对影响边坡稳定性的不确定因素进行识别，分析各因素对边坡稳定性的作用机理及影响程度，最后利用合适的综合评价模型评估边坡稳定性风险，并制定相应的防治措施，从而将边坡稳定性风险控制在可接受的范围内。然而，面对公路边坡工程这样的复杂系统，影响其稳定性的因素繁多且具有不确定性，目前多数有关边坡稳定性风险分析的研究大都集中在对边坡失稳机理的研究，通常将安全系数作为边坡稳定性风险的度量指标，从而通过安全系数法来对边坡进行稳定性风险分析。但实际上，单一的安全系数不能准确地反映岩土边坡的实际风险程度。在实际边坡工程中，其计算的安全系数在可接受范围内，但在实际营运过程中发生了破坏的案例也时有发生；同时在风险评价中，要考虑所有的影响因素，也是不现实的。因此，对于构建的边坡稳定性风险评价指标体系，各指标的重要性和影响程度不同，通过综合赋权法对评价指标赋予合理的权重，并运用不同方法求出山区营运高速公路边坡稳定性风险指数，确定稳定性风险等级的合理分级，以充分考虑边坡稳定性影响因素的复杂性和不确定性，使得评价结果能够真实反映工程实际风险状况，对研究和解决实际边坡稳定性风险评价问题具有重要的理论和实际意义及工程价值。

6.1　边坡稳定性风险评估流程及调查分析

　　山区营运高速公路边坡稳定性风险评估的调查分析工作应依据评估工作流程，以及边坡勘察、设计、施工和养护等历史资料，遵循安全、及时、有效等原则，注重作业安全，减少对车辆通行的影响，确保调查数据的可靠性，并区分填方边坡、土质挖方边坡、岩质挖方边坡、二元介质边坡，在山区高速公路边坡运营过程中定期进行。其中，对于半填半挖路基边坡，根据两侧边坡填挖情况，分别按填方边坡和挖方边坡进行评估。

6.1.1　风险评估工作流程

　　边坡稳定性风险评估应遵循客观、科学的原则，基于构建的评价指标体系进行影响因素调查，依据主控因素和指标体系相结合的方法，选择简单、可靠、易操作的方法进行评估，主要工作流程如图 6.1 所示。

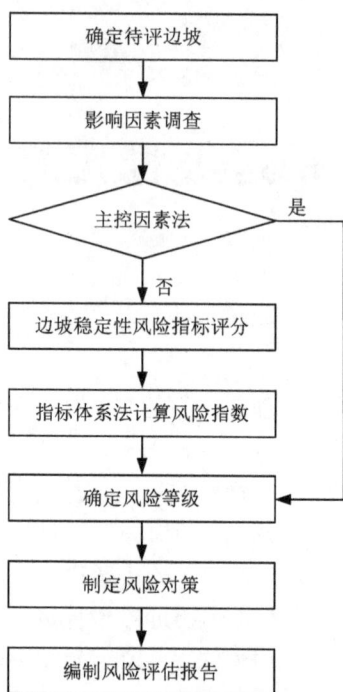

图 6.1　边坡稳定性风险评估工作流程

6.1.2　调查方法与内容

边坡调查是根据《公路路基养护技术规范》(JTG 5150—2020)和《公路技术状况评定标准》(JTG 5210—2018)的相关要求,对坡面区域和坡体外围可能对边坡稳定性有潜在危险性和危害性影响的区域,按附表 1 进行边坡破坏类型的识别,开展边坡基本信息及危险诱发类因素、危险抑制类因素和危害类因素等信息的调查工作,并应依据附表 2 的要求,完成边坡稳定性风险评估影响因素调查评分。

1)边坡调查的基本要求

边坡调查应遵循下列基本要求。

(1)应现场调查,由整体到局部、宏观到微观、面、线、点相结合,通过实地测量,辅以无人机近景倾斜摄影、三维激光雷达、全站仪等测量技术,结合高速公路边坡相关勘察、设计、施工、管养、监测等资料,整体掌握坡体结构、构造及其稳定性,以及已有的和潜在的变形类型、位置及范围。

(2)宜结合座谈走访等方式,对养护管理人员及周边群众开展问询调查,获取边坡管养情况等相关数据,补充完善调查资料。

(3)应现场调查边坡的现状及历史变形情况。

(4)对二元介质边坡破坏类型,除应调查岩土接触面处的变形破坏特征外,还应调查土层变形特征。

(5)应对边坡及排水设施、防护工程、支挡结构的变形和裂缝进行测量。

2）边坡调查范围的确定原则

边坡调查范围宜包括坡面区域和坡体外围可能对边坡稳定性有潜在危险性和危害性影响的区域，并按下列原则确定。

（1）沿边坡走向宜以两侧纵向填、挖交界处外延不小于 2.0 倍坡高。

（2）垂直边坡走向应以影响边坡稳定的范围为界，不宜小于 2.0 倍坡高。

（3）对可能沿岩土界面滑动的填方边坡、土质挖方边坡、二元介质边坡，前缘应大于可能的剪出口位置，后缘应大于可能滑动的后缘边界。

（4）外倾结构面控制的岩质挖方边坡和二元介质边坡调查范围，宜根据组成边坡的岩土性质及可能的破坏模式确定。

（5）当边坡发生落石、崩塌、滑坡、支挡结构等失稳破坏时，宜按失稳破坏特征要素确定调查范围。

3）边坡调查的具体内容

边坡稳定性风险影响因素调查应包括基本信息、危险诱发类因素、危险抑制类因素、危害类因素等内容。

（1）基本信息。

边坡基本信息调查内容应包括边坡的位置（含路线名称、编号、方向、起讫桩号）、建（改）造年份、管养单位、路基宽度、车道数、设计时速、边坡类型、坡长、坡级等。

（2）危险诱发类因素。

危险诱发类因素调查应包括区域条件、坡体结构、其他诱发因素等内容。其中，区域条件的调查内容应包括边坡所处山体的最大相对高差、山体自然坡度等微地形地貌，边坡所处区域的地质灾害易发分区、地震动峰值加速度等工程地质条件，以及边坡所处区域的日最大降雨量、年降水量、最低月平均气温、地表水活动、地下水活动等气象与水文地质条件。

坡体结构的调查内容应包括边坡高度、边坡坡角等断面几何特征，不同边坡类型的坡体岩土性质，以及坡体病害历史、坡体变形现状等坡体变形状况。对于坡体岩土性质，填方边坡包括坡体填料、基底坡面与边坡坡向的关系、基底条件、控制性层面等；土质挖方边坡包括土体类型、土体密实度、土体湿度状态、黏性土稠度状态等；岩质挖方边坡包括岩石坚硬程度、结构面发育程度、结构面结合程度、外倾结构面倾角等；二元介质边坡则包括土质挖方边坡和岩质挖方边坡的坡体岩土性质。

其他诱发因素调查内容应包括交通荷载等级、人为扰动、浸水冲蚀、其他偶发因素等。

（3）危险抑制类因素。

危险抑制类因素调查应包括排水设施状况、防护工程状况、支挡结构状况、其他抑制因素等内容。其中，排水设施区分地表排水设施和地下排水设施，调查内容应包括边沟、排水沟、截水沟、急流槽与跌水、蒸发池等淤积、破裂、变形漏水、冲刷损毁等状况，沟涵是否相连、排水是否畅通等，坡面排水孔、仰斜排水孔等淤堵状况，渗沟、排水隧洞等堵塞、出水口变形等状况，渗井、集水井等淤积堵塞、井壁变形破损等状况。

边坡的防护工程区分植物防护、工程防护、综合防护、导流建筑物。植物防护调查内容应包括坡面绿化类型及效果，坡面冲刷等状况；工程防护、导流建筑物的调查内容应包括勾缝、沉降缝损坏，坡面渗水、漏水，排水孔堵塞等表观性破损状况，基础淘空、墙体脱空、裂缝、鼓肚、下沉等结构性损坏状况,有无整体开裂、倾斜、滑移、倒塌等状况;综合防护包括植物防护和工程防护的状况,其中柔性防护结构的调查内容应包括防护网破损、锈蚀,防护网内落石兜集,被动柔性网的锚头松动或锈蚀、立柱松动或破坏等状况。

边坡的支挡结构区分挡土墙、锚固结构、抗滑桩。挡土墙的调查内容应包括勾缝、沉降缝损坏,坡面渗水、漏水,排水孔堵塞等表观性破损状况,基础淘空、墙体脱空、裂缝、鼓肚、下沉等结构性损坏状况,有无整体开裂、倾斜、滑移、倒塌等状况;锚固结构的调查内容应包括锚头锈蚀、封锚混凝土破坏等表观性损坏状况,锚固结构断裂、应力松弛,内锚固段失效滑移,地梁或框架梁开裂、脱空等结构性损坏;抗滑桩的调查内容应包括蜂窝、麻面、露筋等表观性破损状况,裂缝、混凝土局部压溃造成钢筋保护层剥落、混凝土或钢筋被拉断、折断、剪断等结构性损坏状况,侧向稳定性不足,整体倾斜、滑移等整体变形状况。

其他抑制因素的调查内容应包括植被覆盖度、管养水平等。

(4)危害类因素。

危害类因素的调查内容应包括对高速公路危害程度、对周边设施危害程度、对环境危害程度等。其中,对高速公路危害程度的调查内容应包括边坡影响范围内的路面、桥梁、隧道、涵洞、通道、交安设施、附属设施等路内设施情况,边坡病害、失稳或灾害发生后预计中断交通时间、预计路内设施修复时间、预估经济损失等。

对周边设施危害程度的调查内容应包括边坡影响范围内的其他公路、地表建筑物、地下埋藏物、高压线、水体设施等路外设施情况及其安全等级、位置等。

对环境危害程度的调查内容应包括边坡是否处于依法设立的各级各类保护区域或对建设项目产生的环境影响特别敏感的区域。

6.1.3　风险数据统计分析

依据前述构建的山区营运高速公路边坡稳定性风险评价指标体系及评分标准,结合影响因素的调查方法与内容,对现场调研得到的 66 处典型服役边坡各项指标评分值及风险等级评价结果进行统计分析,得到相应的结果如套表 6.1(表 6.1.1~表 6.1.5)所示。其中,填方边坡 23 处,土质挖方边坡 20 处,岩质挖方边坡 5 处,二元介质边坡 18 处。统计结果显示,专家综合判断为低风险等级的边坡 26 处,中风险等级的边坡 13 处,较高风险等级的边坡 19 处,高风险等级的边坡 5 处,极高风险等级的边坡 3 处。

6.2　边坡稳定性风险评价指标权重确定

合理确定评价指标权重是评价量化的关键,权重赋值是否合理,直接影响评价过程和结果的科学性。在确定边坡稳定性风险评价指标的权重时,应选取合适的权重确定方法,区分填方边坡、土质挖方边坡、岩质挖方边坡、二元介质边坡,针对危险诱发类指标、危险抑制类指标和危害类指标分别进行计算,确定对应的指标权重值。

表 6.1.1　安徽省山区营运高速公路典型边坡稳定性风险评价统计

单位：分

一级指标	二级指标	三级指标	1 填方	2 填方	3 土质挖方	4 土质挖方	5 填方	6 填方	7 填方	8 岩质挖方	9 二元介质	10 二元介质	11 填方	12 填方	13 填方	14 填方	15 土质挖方
危险诱发类指标 X	微地形地貌 X_1	山体最大相对高差 X_{11}	20	20	20	20	40	40	20	20	20	20	40	20	20	20	20
		山体自然坡度 X_{12}	20	20	40	40	40	40	40	60	80	80	60	40	40	60	60
	工程地质条件 X_2	地质灾害易发分区 X_{21}	25	25	25	25	25	25	25	75	50	50	50	50	50	50	50
		地震动峰值加速度 X_{22}	20	20	20	0	40	40	20	40	20	20	40	20	20	20	20
	气象与水文地质条件 X_3	日最大降雨量 X_{31}	80	60	100	80	60	80	80	80	100	60	100	60	60	60	80
		年降水量 X_{32}	100	100	100	100	100	100	50	100	100	100	100	100	100	100	100
		最低月平均气温 X_{33}	100	75	75	50	100	75	75	75	75	50	50	50	75	50	25
		地表水活动 X_{34}	50	25	50	25	50	25	50	25	50	25	50	25	50	25	75
		地下水活动 X_{35}	50	25	50	25	50	75	50	25	50	25	50	25	50	25	75
	坡体断面几何特征 X_4	边坡高度 X_{41}	75	75	20	20	100	100	75	80	40	40	100	100	100	100	40
		边坡坡角 X_{42}	100	100	60	60	100	100	100	40	100	100	80	80	80	80	60
	坡体岩土性质 X_5	坡体填料/土体类型/岩石坚硬程度 X_{51}	100	100	20	50	67	67	100	80	50	50	100	100	100	100	50
		基底坡面与坡向的关系/土体密实度/结构面发育程度 X_{52}	50	50	50	50	75	75	50	20	100	100	75	25	50	50	100
		基底条件/土体湿度状态/结构面结合程度 X_{53}	100	100	67	33	33	33	100	25	33	33	100	100	100	100	33
		控制性层面/黏性土稠度状态/外倾结构面倾角 X_{54}	50	50	0	0	50	50	50	25	0	0	50	50	50	50	0
	坡体变形状况 X_6	坡体病害历史 X_{61}	20	80	20	80	20	40	80	20	20	80	20	80	20	80	20
		坡体变形现状 X_{62}	100	25	100	25	50	25	25	25	100	25	100	75	75	25	75
	其他诱发因素 X_7	交通荷载等级 X_{71}	67	67	67	67	67	67	67	67	67	67	67	67	67	67	67
		人为扰动 X_{72}	50	50	50	50	100	100	50	50	50	50	50	50	50	50	50

续表 6.1.1

一级指标	二级指标	三级指标	1	2	3	4	5	6	7	8	9	10	11	12	13	14	15
评价指标			填方	填方	土质挖方	土质挖方	填方	填方	填方	岩质挖方	二元介质	二元介质	填方	填方	填方	填方	土质挖方
危险诱发类指标 X	其他诱发因素 X_7	浸水冲蚀 X_{73}	67	67	33	33	33	33	33	33	33	33	33	33	33	33	33
		其他偶发因素 X_{74}	100	100	100	100	100	100	50	100	50	50	100	50	50	50	100
危险抑制类指标 Y	排水设施状况 Y_1	地表排水设施 Y_{11}	40	40	40	20	40	20	20	20	40	20	60	20	20	20	80
		地下排水设施 Y_{12}	40	40	40	20	20	20	20	0	100	20	80	20	60	20	100
	防护工程状况 Y_2	植物防护 Y_{21}	0	0	0	25	0	0	0	25	100	0	50	25	25	25	100
		工程防护 Y_{22}	100	33	100	33	33	0	33	0	0	33	100	33	33	33	100
		综合防护 Y_{23}	0	0	0	33	0	33	0	33	0	0	100	0	33	33	100
		导流建筑物 Y_{24}	0	33	0	0	0	0	0	0	0	0	0	33	0	0	0
	支挡结构状况 Y_3	挡土墙 Y_{31}	100	33	0	33	33	33	33	0	0	33	100	33	67	33	100
		锚固结构 Y_{32}	0	0	0	0	0	33	0	33	0	0	0	0	0	0	0
		抗滑桩 Y_{33}	0	0	0	0	0	0	0	0	0	0	0	0	0	0	0
	其他抑制因素 Y_4	植被覆盖度 Y_{41}	100	100	100	100	75	75	75	25	50	100	75	75	50	50	75
		管养水平 Y_{42}	50	50	50	50	50	50	50	50	50	50	50	50	50	50	50
危害类指标 Z	对高速公路危害程度 Z_1	预计路内设施危害程度 Z_{11}	100	90	80	80	80	80	80	100	80	80	70	70	70	70	100
		预计中断交通时间 Z_{12}	100	100	80	80	70	70	70	100	70	70	70	70	70	70	100
		预估经济损失 Z_{13}	90	90	70	70	80	80	80	100	85	70	8	80	80	80	80
	对周边设施危害程度 Z_2	设施重要程度 Z_{21}	70	70	70	70	100	100	100	100	85	70	85	85	80	85	70
		设施位置 Z_{22}	80	80	70	70	100	100	100	100	70	70	100	100	100	100	70
	对环境危害程度 Z_3	环境影响区 Z_{31}	70	70	70	70	100	100	70	70	70	70	70	70	100	100	70
专家综合评判的风险等级			高	低	较高	低	较高	低	低	低	较高	低	高	低	较高	低	极高

表 6.1.2　安徽省山区营运高速公路典型边坡稳定性风险评价统计

单位：分

| 评价指标 | | | 16 | 17 | 18 | 19 | 20 | 21 | 22 | 23 | 24 | 25 | 26 | 27 | 28 | 29 | 30 |
一级指标	二级指标	三级指标	土质挖方	二元介质	二元介质	二元介质	二元介质	二元介质	填方	填方	填方	填方	填方	填方	岩质挖方	填方	填方
危险诱发类指标 X	微地形地貌 X_1	山体最大相对高差 X_{11}	20	20	20	20	20	20	20	20	20	20	20	20	20	20	20
		山体自然坡度 X_{12}	60	60	60	80	80	60	60	60	20	40	20	20	60	20	60
	工程地质条件 X_2	地质灾害易发分区 X_{21}	50	25	25	25	25	100	100	100	100	75	100	100	100	100	100
		地震动峰值加速度 X_{22}	20	20	20	20	20	20	20	20	20	20	20	20	20	20	20
	气象与水文地质条件 X_3	日最大降雨量 X_{31}	60	100	100	80	60	60	60	60	60	60	60	60	60	60	60
		年降水量 X_{32}	100	100	100	100	100	100	100	100	100	100	100	100	100	100	100
		最低月平均气温 X_{33}	50	75	75	75	50	25	25	25	50	75	50	25	50	75	75
		地表水活动 X_{34}	50	50	50	50	25	25	50	25	50	50	50	25	25	50	25
		地下水活动 X_{35}	25	50	50	50	25	25	50	25	50	25	50	25	25	50	25
	坡体断面几何特征 X_4	边坡高度 X_{41}	40	20	40	40	20	20	100	100	75	75	75	75	20	75	75
		边坡坡角 X_{42}	60	60	40	40	40	40	100	100	100	100	100	100	100	20	100
	坡体岩土性质 X_5	坡体填料/土体类型/岩石坚硬程度 X_{51}	50	50	50	100	100	20	33	33	100	100	33	33	20	100	100
		基底坡面与边坡向的关系/土体密实度/结构面发育程度 X_{52}	100	50	50	0	0	40	50	50	25	75	50	50	40	50	50
		基底条件/土体湿度状态/结构面结合程度 X_{53}	33	67	67	0	0	25	33	33	67	67	100	100	25	100	100
		挖削削性层面黏性土稠度状态/外嵌岩构面倾角 X_{54}	0	0	0	50	50	50	50	50	50	50	50	50	40	50	50
	坡体变形状况 X_6	坡体病害历史 X_{61}	80	80	20	20	80	20	20	80	20	80	20	80	20	20	80
		坡体变形现状 X_{62}	25	25	100	100	25	0	100	25	100	25	25	25	25	100	25
	其他诱发因素 X_7	交通荷载等级 X_{71}	67	67	67	67	67	67	67	67	67	67	67	67	67	67	67
		人为扰动 X_{72}	50	50	50	50	50	50	50	50	50	50	50	50	50	50	50

续表 6.1.2

一级指标	二级指标	三级指标	16	17	18	19	20	21	22	23	24	25	26	27	28	29	30
			土质挖方	二元介质	二元介质	二元介质	二元介质	二元介质	填方	填方	填方	填方	填方	填方	岩质挖方	填方	填方
危险诱发类指标 X	其他诱发因素 X_7	浸水冲蚀 X_{73}	33	33	33	33	33	33	33	33	67	67	100	100	33	33	33
		其他偶发因素 X_{74}	100	100	100	100	100	100	100	50	100	100	100	100	50	100	100
危险抑制类指标 Y	排水设施状况 Y_1	地表排水设施 Y_{11}	20	20	40	40	20	20	40	20	40	20	40	20	20	40	20
		地下排水设施 Y_{12}	20	20	60	60	20	20	60	20	40	20	40	20	20	60	20
	防护工程状况 Y_2	植物防护 Y_{21}	25	25	25	50	25	25	25	25	0	0	0	25	25	25	25
		工程防护 Y_{22}	33	33	100	100	33	33	67	33	67	33	0	0	33	67	33
		综合防护 Y_{23}	33	33	100	100	33	33	67	33	0	0	0	0	33	67	33
		导流建筑物 Y_{24}	0	0	0	0	0	0	0	0	0	0	0	33	0	0	0
	支挡结构状况 Y_3	挡土墙 Y_{31}	33	0	0	0	33	0	67	33	100	67	100	33	33	67	33
		锚固结构 Y_{32}	0	33	0	0	33	33	0	33	0	0	0	0	0	33	0
		抗滑桩 Y_{33}	0	0	0	0	0	0	0	0	0	0	0	0	0	0	0
	其他抑制因素 Y_4	植被覆盖度 Y_{41}	50	100	100	100	100	50	100	100	100	100	100	100	25	75	100
		管养水平 Y_{42}	50	50	50	50	50	50	50	50	50	50	50	50	50	50	50
危害类指标 Z	对高速公路危害程度 Z_1	预计路内设施危害程度 Z_{11}	100	90	90	90	90	100	100	100	80	90	100	100	100	90	90
		预计中断交通时间 Z_{12}	100	90	90	90	90	100	100	100	80	90	100	100	100	90	90
		预估经济损失 Z_{13}	80	80	80	80	80	100	100	100	70	80	90	90	100	80	80
	对周边设施危害程度 Z_2	设施重要程度 Z_{21}	70	70	70	70	70	100	100	100	70	70	100	100	100	100	100
		设施位置 Z_{22}	70	70	70	70	70	90	100	100	70	70	90	90	80	100	90
	对环境危害程度 Z_3	环境影响区 Z_{31}	70	70	70	70	70	100	100	70	70	100	70	100	70	70	70
		专家综合评判的风险等级	低	低	较高	极高	低	低	较高	低	较高	中	极高	低	低	较高	低

表 6.1.3　安徽省山区营运高速公路典型边坡稳定性风险评价统计

单位：分

一级指标	二级指标	三级指标	31 土质挖方	32 二元介质	33 二元介质	34 二元介质	35 二元介质	36 二元介质	37 填方	38 填方	39 填方	40 填方	41 填方	42 填方	43 岩质挖方	44 填方	45 填方
危险诱发类指标 X	微地形地貌 X_1	山体最大相对高差 X_{11}	20	20	20	20	20	20	20	20	20	20	20	20	20	20	20
		山体自然坡度 X_{12}	40	20	20	20	20	20	40	40	60	80	60	60	40	40	40
	工程地质条件 X_2	地质灾害易发分区 X_{21}	100	100	100	100	100	100	100	100	100	100	25	25	25	25	25
		地震动峰值加速度 X_{22}	20	20	20	20	20	20	20	20	20	20	40	40	40	40	40
	气象与水文地质条件 X_3	日最大降雨量 X_{31}	60	60	60	60	60	60	60	60	60	60	60	60	60	60	60
		年降水量 X_{32}	100	100	100	100	100	100	100	100	100	100	100	100	75	100	100
		最低月平均气温 X_{33}	75	50	25	25	25	50	50	25	25	25	50	50	75	50	50
		地表水活动 X_{34}	25	25	50	25	50	25	50	25	50	50	50	25	50	50	75
		地下水活动 X_{35}	50	25	50	25	50	25	75	25	50	50	75	25	50	50	50
	坡体断面几何特征 X_4	边坡高度 X_{41}	75	75	75	75	75	75	60	60	20	40	40	40	40	60	60
		边坡坡角 X_{42}	100	100	100	100	100	100	40	40	40	40	60	60	80	80	100
	坡体岩土性质 X_5	坡体材料／土体类型／岩石坚硬程度 X_{51}	100	100	100	100	33	33	80	80	50	20	100	40	80	60	60
		基底坡面与边坡坡向的关系／土体密实度／结构面发育程度 X_{52}	50	50	50	50	50	50	100	100	75	20	0	100	80	80	60
		基底条件／土体湿度状态／结构面结合程度 X_{53}	100	100	100	100	100	100	50	100	33	25	0	50	80	50	50
		控制性层面黏性土稠度状态／外倾结构面倾角 X_{54}	50	50	50	50	50	50	100	100	0	25	100	100	80	50	50
	坡体变形状况 X_6	坡体病害历史 X_{61}	20	80	20	80	20	80	80	80	20	20	20	80	20	80	100
		坡体变形现状 X_{62}	100	25	100	25	100	25	75	25	75	75	100	25	75	100	50
	其他诱发因素 X_7	交通荷载等级 X_{71}	67	67	67	67	67	67	67	67	67	67	67	67	67	67	67
		人为扰动 X_{72}	50	50	50	50	50	50	50	50	50	50	50	50	50	50	50

续表6.1.3

评价指标			31	32	33	34	35	36	37	38	39	40	41	42	43	44	45
一级指标	二级指标	三级指标	填方	填方	填方	填方	填方	填方	二元介质	二元介质	土质挖方	岩质挖方	二元介质	二元介质	二元介质	二元介质	二元介质
危险诱发类指标 X	其他诱发因素 X_7	浸水冲蚀 X_{73}	33	33	33	33	33	67	33	33	33	33	33	33	33	33	33
		其他偶发因素 X_{74}	100	100	100	100	100	100	100	100	50	100	100	100	100	100	100
危险抑制类指标 Y	排水设施状况 Y_1	地表排水设施 Y_{11}	40	20	40	20	40	20	60	20	20	40	40	20	60	60	20
		地下排水设施 Y_{12}	60	20	60	20	60	20	60	20	40	40	40	20	60	60	20
	防护工程状况 Y_2	植物防护 Y_{21}	0	0	0	25	0	25	50	25	50	25	50	25	50	50	25
		工程防护 Y_{22}	67	33	100	33	67	33	67	33	67	33	67	33	100	100	33
		综合防护 Y_{23}	67	0	100	33	0	33	67	33	67	33	75	33	100	100	33
		导流建筑物 Y_{24}	0	0	0	0	0	33	0	0	0	0	0	0	0	0	0
	支挡结构 Y_3	挡土墙 Y_{31}	100	0	100	33	100	33	67	33	0	0	0	33	0	0	33
		锚固结构 Y_{32}	0	0	0	0	0	33	0	33	0	0	0	0	33	67	33
		抗滑桩 Y_{33}	0	0	0	0	0	0	0	0	0	0	0	0	0	0	0
	其他抑制因素 Y_4	植被覆盖度 Y_{41}	100	100	100	100	100	100	75	75	50	75	50	75	75	75	75
		管养水平 Y_{42}	50	50	50	50	50	50	50	50	50	50	50	50	50	50	50
危害类指标 Z	对高速公路危害程度 Z_1	预计路内设施危害程度 Z_{11}	90	90	90	100	90	90	80	80	70	70	80	80	80	80	80
		预计中断交通时间 Z_{12}	90	90	90	90	90	90	80	80	70	70	70	80	80	80	80
		预估经济损失 Z_{13}	80	80	80	90	90	90	80	80	70	70	70	70	70	80	70
	对周边设施危害程度 Z_2	设施重要程度 Z_{21}	100	100	100	100	100	100	70	70	70	70	85	100	70	70	70
		设施位置 Z_{22}	100	100	100	80	80	80	70	70	70	70	100	100	80	80	70
	对环境危害程度 Z_3	环境影响区 Z_{31}	70	70	70	70	70	70	70	70	70	70	70	70	70	70	70
专家综合评判的风险等级			高	低	高	低	高	低	较高	低	中	低	较高	低	中	较高	低

表 6.1.4　安徽省山区营运高速公路典型边坡稳定性风险评价统计

单位：分

一级指标	二级指标	三级指标	46	47	48	49	50	51	52	53	54	55	56	57	58	59	60
			土质挖方	土质挖方	土质挖方	土质挖方	二元介质	二元介质	岩质挖方	土质挖方	土质挖方	二元介质	土质挖方	土质挖方	岩质挖方	二元介质	土质挖方
危险诱发类指标 X	微地形地貌 X_1	山体最大相对高差 X_{11}	20	20	20	20	20	20	20	20	20	20	20	20	20	20	20
		山体自然坡度 X_{12}	40	40	40	40	60	60	60	60	60	80	60	40	80	60	40
	工程地质条件 X_2	地质灾害易发分区 X_{21}	25	25	25	25	75	75	75	25	25	25	25	25	25	25	25
		地震动峰值加速度 X_{22}	40	40	20	20	20	20	20	20	20	20	20	20	20	40	20
	气象与水文地质条件 X_3	日最大降雨量 X_{31}	60	60	60	60	60	60	60	100	100	100	100	100	100	60	60
		年降水量 X_{32}	100	100	100	100	100	100	100	100	100	75	100	100	100	100	100
		最低月平均气温 X_{33}	50	50	50	50	75	50	50	75	75	75	75	75	75	50	50
		地表水活动 X_{34}	50	50	75	25	50	25	50	50	50	50	50	50	50	50	50
		地下水活动 X_{35}	50	50	50	25	50	25	50	20	50	50	50	50	50	50	50
	坡体断面几何特征 X_4	边坡高度 X_{41}	20	20	20	20	60	60	20	20	20	20	20	20	40	20	20
		边坡坡角 X_{42}	20	20	40	40	100	100	40	100	100	100	100	100	60	60	20
	坡体岩土性质 X_5	坡体填料/土体类型/岩石坚硬程度 X_{51}	100	100	100	100	25	25	40	50	50	60	100	100	60	40	100
		基底坡面与边坡倾向的关系/土体密实度/结构面发育程度 X_{52}	0	0	0	0	75	75	100	50	75	100	0	0	100	100	0
		基底条件/土体湿度状态/结构构面结合度 X_{53}	0	0	0	0	33	33	25	50	100	50	0	0	50	50	0
		控制性层面/黏性土稠度状态/外倾结构面倾角 X_{54}	100	100	50	50	0	0	25	100	0	100	50	50	25	25	100
	坡体变形状况 X_6	坡体病害历史 X_{61}	20	80	20	80	20	100	20	20	20	20	20	20	20	20	20
		坡体变形现状 X_{62}	100	100	100	25	100	25	75	100	100	100	100	100	25	100	100
	其他诱发因素 X_7	交通荷载等级 X_{71}	67	67	67	67	67	67	67	67	67	67	67	67	67	67	67
		人为扰动 X_{72}	50	50	50	50	50	50	50	50	50	50	50	50	50	50	50

续表 6.1.4

一级指标	二级指标	三级指标	46 土质挖方	47 土质挖方	48 土质挖方	49 土质挖方	50 二元介质	51 二元介质	52 岩质挖方	53 土质挖方	54 土质挖方	55 二元介质	56 土质挖方	57 土质挖方	58 岩质挖方	59 二元介质	60 土质挖方
危险诱发类指标 X	其他诱发因素 X_7	浸水冲蚀 X_{73}	33	33	33	33	33	33	33	33	33	33	33	33	33	33	33
		其他偶发因素 X_{74}	50	50	50	50	100	100	100	100	50	50	50	50	50	50	50
危险抑制类指标 Y	排水设施状况 Y_1	地表排水设施 Y_{11}	60	40	60	20	40	20	40	40	60	40	40	40	20	40	40
		地下排水设施 Y_{12}	60	40	40	20	60	20	40	40	40	40	60	60	20	100	60
	防护工程状况 Y_2	植物防护 Y_{21}	75	50	75	25	50	25	50	25	25	25	25	25	0	50	25
		工程防护 Y_{22}	0	0	0	33	100	33	33	100	100	100	100	100	33	67	67
		综合防护 Y_{23}	0	0	0	33	100	33	50	100	100	100	100	100	0	67	67
		导流建筑物 Y_{24}	0	0	0	0	0	0	0	0	0	0	0	0	0	0	0
	支挡结构状况 Y_3	挡土墙 Y_{31}	0	0	0	33	0	33	100	0	0	0	0	0	0	0	67
		锚固结构 Y_{32}	0	0	0	0	0	33	100	0	0	0	0	0	0	0	0
		抗滑桩 Y_{33}	0	0	0	0	0	0	0	0	0	0	0	0	0	0	0
	其他抑制因素 Y_4	植被覆盖度 Y_{41}	25	25	50	50	100	75	50	100	100	100	100	100	100	75	50
		管养水平 Y_{42}	50	50	50	50	50	50	50	50	50	50	50	50	50	50	50
危害类指标 Z	对高速公路危害程度 Z_1	预计路内设施危害程度 Z_{11}	70	70	70	70	100	100	70	70	80	80	70	70	90	70	70
		预计中断交通时间 Z_{12}	70	70	70	70	100	100	70	70	80	80	70	70	100	70	70
		预估经济损失 Z_{13}	70	70	70	70	100	70	70	70	70	80	70	70	80	70	70
	对周边设施危害程度 Z_2	设施重要程度 Z_{21}	70	70	70	70	70	70	70	70	70	70	70	70	70	70	70
		设施位置 Z_{22}	70	70	70	70	70	70	70	70	70	70	70	70	70	70	70
	对环境危害程度 Z_3	环境影响区 Z_{31}	70	70	70	70	70	70	70	70	70	70	70	70	70	70	70
专家综合评判的风险等级			中	中	中	低	较高	低	中	较高	较高	较高	较高	较高	低	中	中

表 6.1.5　安徽省山区营运高速公路典型边坡稳定性风险评价统计

单位：分

一级指标	评价指标 二级指标	三级指标	61 土质挖方	62 土质挖方	63 土质挖方	64 土质挖方	65 土质挖方	66 土质挖方
危险诱发类指标 X	微地形地貌 X_1	山体最大相对高差 X_{11}	20	20	20	20	20	20
		山体自然坡度 X_{12}	60	60	40	20	40	20
	工程地质条件 X_2	地质灾害易发分区 X_{21}	25	25	25	75	75	75
		地震动峰值加速度 X_{22}	20	20	20	20	20	20
	气象与水文地质条件 X_3	日最大降雨量 X_{31}	60	60	60	60	60	60
		年降水量 X_{32}	100	100	100	100	100	100
		最低月平均气温 X_{33}	50	50	50	50	50	50
		地表水活动 X_{34}	50	50	50	50	50	50
		地下水活动 X_{35}	50	50	50	50	50	50
	坡体断面几何特征 X_4	边坡高度 X_{41}	20	40	20	20	20	20
		边坡坡角 X_{42}	60	40	60	20	40	40
	坡体岩土性质 X_5	坡体填料/土体类型/岩石坚硬程度 X_{51}	25	25	75	100	100	100
		基底坡面与边坡坡向的关系/土体密实度/结构面发育程度 X_{52}	75	0	75	0	0	0
		基底条件/土体湿度状态/结构面结合程度 X_{53}	67	0	33	0	0	0
		控制性层面状态/黏性土稠度状态/外倾结构面倾角 X_{54}	0	50	0	50	50	50
	坡体变形状况 X_6	坡体病害历史 X_{61}	20	20	20	20	20	20
		坡体变形现状 X_{62}	100	50	75	100	100	100
	其他诱发因素 X_7	交通荷载等级 X_{71}	67	67	67	67	67	67
		人为扰动 X_{72}	50	50	50	50	50	50

续表 6.1.5

一级指标	二级指标	三级指标	61 土质挖方	62 土质挖方	63 土质挖方	64 土质挖方	65 土质挖方	66 土质挖方
危险诱发类指标 X	其他诱发因素 X_7	浸水冲蚀 X_{73}	33	33	33	33	33	33
		其他偶发因素 X_{74}	50	100	50	50	50	50
危险抑制类指标 Y	排水设施状况 Y_1	地表排水设施 Y_{11}	40	40	40	60	60	60
		地下排水设施 Y_{12}	60	40	40	60	60	60
	防护工程状况 Y_2	植物防护 Y_{21}	25	50	25	50	100	75
		工程防护 Y_{22}	100	67	100	0	0	0
		综合防护 Y_{23}	100	67	100	0	0	0
		导流建筑物 Y_{24}	0	0	0	0	0	0
	支挡结构状况 Y_3	挡土墙 Y_{31}	0	0	0	0	0	0
		锚固结构 Y_{32}	0	0	0	0	0	0
		抗滑桩 Y_{33}	0	0	0	0	0	0
	其他抑制因素 Y_4	植被覆盖度 Y_{41}	75	50	75	25	50	50
		管养水平 Y_{42}	50	50	50	50	50	50
危害类指标 Z	对高速公路危害程度 Z_1	预计路内设施危害程度 Z_{11}	70	70	70	70	70	70
		预计中断交通时间 Z_{12}	70	70	70	70	70	70
		预估经济损失 Z_{13}	70	70	70	70	70	70
	对周边设施危害程度 Z_2	设施重要程度 Z_{21}	100	70	70	70	70	70
		设施位置 Z_{22}	100	70	70	70	70	70
	对环境危害程度 Z_3	环境影响区 Z_{31}	70	70	70	70	100	70
专家综合评判的风险等级			较高	中	中	中	较高	中

6.2.1 权重确定方法简介

评价指标权重的计算方法,主要分为主观赋权法、客观赋权法以及组合赋权法 3 类[49~51]。其中,主观赋权法是以人的经验和知识为依据来获取指标权重值的方法,比如德尔菲、层次分析法、专家排序法等;客观赋权法是依据指标的历史数据判定各指标的重要程度,比如熵权法、主成分分析法等;组合赋权法的基本思想是将主、客观赋权法在逻辑上进行有机结合,从而最终确定评价指标权重[52~56]。

1)德尔菲法

德尔菲(Delphi)法是一种匿名式的、多轮征询专家意见,得到预期结果的一种集体经验判断法,以期充分发挥专家的作用。但是,这一方法中,预测结果缺乏严格的科学分析。

2)层次分析法

层次分析法[52](analytic hierarchy process,AHP)根据各因素间层层递进的关系,形成一个多层次、层间和层内因素因果关系清晰的递阶结构,在此基础上进行定量分析,可以较好地分析显著因素。

3)专家排序法

专家排序法是通过对组内指标按其相对重要程度排序,进而在发挥专家作用的同时,简化比较和计算过程。该方法在应用中,若专家排序的结果相差很大,无法通过一致性检验,则此排序的结果无效;当在一致性检验通过的情况下,权重的信度是较高的。

4)熵权法

熵是一个抽象的概念,表示一个系统中能量分布的均匀程度,熵越大,系统中能量分布越均匀,系统越混乱,因为系统总是朝着混乱的方向发展,所以越混乱的状态系统越稳定[54],后被引入信息论中,用来对不确定性进行度量,根据各项指标观测值所提供的信息大小来确定指标权重,但较缺乏指标之间的横向比较,权重过度依赖于样本。

5)主成分分析法

主成分分析法是指将多个指标转化为少数几个比较重要的、关联度较低的综合指标的一种多元统计分析方法。但是,这一方法对样本量的要求较大,且通常假设指标之间的关系都为线性关系,当指标之间呈强相关性时,评价结果才会理想。

6.2.2 评价指标权重确定

基于确定的三级分层指标体系,参考既有的相关研究,结合工程实际,采用层次分析法和专家排序法进行山区营运高速公路边坡稳定性风险评价指标权重的确定,具体方法如下。

1)层次分析法

层次分析法(AHP)是美国运筹学家 Saaty T. L. 教授于 20 世纪 70 年代初提出的一种简便、灵活、实用的多准则决策方法,是现代系统建模的重要方法之一。其基本思想是通过将复杂问题分解成若干部分(或要素),将这些要素按属性分为若干组,形成不同层次,通过构造判断矩阵,把决策者的主观判断用数量形式表达和处理,从而确定各要素的权重值。AHP 确定评价指标权重的主要步骤如下。

（1）建立递阶层次结构。

首先在深入分析问题的基础上，把问题层次化，根据各因素间层层递进的关系，形成一个多层次、层间因果关系清晰的递阶结构。最上层为目标层，即评价要达到的目标；中间层为准则层，可以有一个或多个，每个准则层由多种因素组成；最下层为方案层，即具体的评价指标，每一层的各个因素受到上一层的作用或影响。具体层次结构如图 6.2 所示。

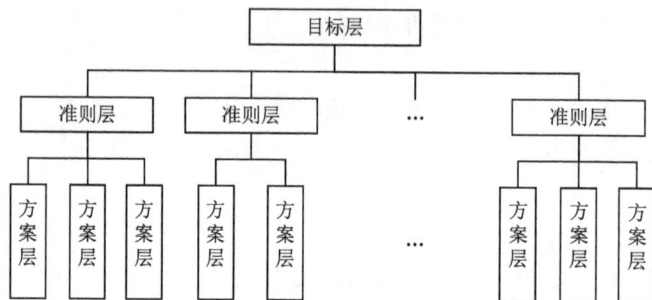

图 6.2　层次结构示意

（2）构造判断矩阵。

建立递阶层次结构之后，通过各层内因素的两两比较，构造判断矩阵。判断矩阵表示相对于上一层因素来说，同一层级的指标中各因素两两比较的重要程度。假设某一准则层为 B_1，其方案层的 n 个指标 C_1，C_2，$\cdots$，C_n 两两之间的重要性关系，反映了决策者对各因素（方案）相对重要性的认识，可由以下判断矩阵表示：

$$C = \begin{bmatrix} C_{11} & C_{12} & \cdots & C_{1n} \\ C_{21} & C_{22} & \cdots & C_{2n} \\ \vdots & \vdots & & \vdots \\ C_{n1} & C_{n2} & \cdots & C_{nn} \end{bmatrix} \qquad (6.1)$$

式中：$C_{ij}(i, j = 1, 2, \cdots, n)$ 为第 i 个指标和第 j 个指标之间的相对重要程度，$C_{ii} = 1$，$C_{ji} = 1/C_{ij}$。

C_{ij} 的数值依据 Saaty T. L. 教授提出的互反性 1~9 标度法确定，具体如表 6.2 所示[53]。

表 6.2　1~9 标度法

标度	含义
1	表示两个因素相比，具有相同重要性（或相当）
3	表示两个因素相比，前者比后者稍重要（或稍微优于）
5	表示两个因素相比，前者比后者明显重要（或优于）
7	表示两个因素相比，前者比后者强烈重要（或很优于）
9	表示两个因素相比，前者比后者极端重要（或极其优于）
2，4，6，8	表示上述相邻判断的中间值
倒数	若因素 i 与因素 j 的重要性之比为 a_{ij}，那么因素 j 与因素 i 重要性之比为 $a_{ij} = 1/a_{ji}$

（3）计算权重系数。

根据构造好的判断矩阵 C，用方根法求其中各指标的权重。

计算矩阵各行之积：

$$M_i = \prod_{j=1}^{n} C_{ij}(i = 1, 2, \cdots, n) \tag{6.2}$$

计算 M_i 的 $1/n$ 次幂：

$$\overline{w_i} = \sqrt[n]{M_i} \tag{6.3}$$

通过规范化，计算得到权重系数：

$$w_i = \frac{\overline{w_i}}{\sum\limits_{i=1}^{n} \overline{w_i}} \tag{6.4}$$

（4）一致性检验。

所谓一致性检验，就是衡量判断矩阵 C 中判断质量的标准。一般而言，若 C 满足 $C_{ij} = C_{kj}(i, j, k = 1, 2, \cdots, n)$，则 C 具有完全一致性，且满足 $CW = \lambda_{max} W = nW$，其中 λ_{max} 为 C 阵的最大特征根。

$$\lambda_{max} = \frac{1}{n} \sum_{j=1}^{n} \frac{(CW)_j}{w_j} \tag{6.5}$$

其与其余特征根的关系为：

$$\sum_{i=2}^{n} \lambda_i = n - \lambda_{max} \tag{6.6}$$

构造判断矩阵 C 时，由于人为误差可能导致两两指标之间的重要性赋值无法满足传递的要求，矩阵无法满足一致性，所以需要进行一致性检验判断矩阵是否能用于计算权重向量，可用一致性指标 CI 来度量：

$$CI = \frac{\lambda_{max} - n}{n - 1} \tag{6.7}$$

当 CI 接近于零时，则认为矩阵 C 具有满意一致性。从式（6.7）可知，CI 的值受到判断矩阵阶数 n 的影响，为了度量不同阶数 C 阵是否具有满意的一致性，引入其同阶矩阵的随机指标 RI，得到平均随机一致性比率：

$$CR = \frac{CI}{RI} \tag{6.8}$$

RI 的取值如表 6.3 所示。

若一致性比率 CR 的值小于 0.1，说明判断矩阵的一致性良好，可以用于计算权重系数；若 CR 的值大于 0.1，说明判断矩阵的一致性较差，应检查并修正判断矩阵，直到通过一致性检验。

表 6.3　随机指标 RI 系数（1~11 阶 C 阵）

阶数 n	1	2	3	4	5	6	7	8	9	10	11
RI	0	0	0.58	0.90	1.12	1.24	1.32	1.41	1.45	1.49	1.51

2)专家排序法

专家排序法是根据选取的评价某问题的因素,按其重要程度,请专家排次序。最重要的因素记为 1,排在最前面;次重要的指标记为 2;以此类推。假设有 n 个因素,请 m 个专家来排序,其结果是一个 m 行 n 列的数表,其序号数为 1, 2, …, n。每一个因素排在第几位的序号数叫作该因素的秩。把 m 个专家对该因素所评定的秩加起来所得数叫该因素的秩和,用 R 来表示,则第 j 个因素的秩和用 R_j 表示。若用 d_j 表示第 j 个因素的权重,则权重的计算式表达如下:

$$d_j = 2[m(1+n) - R_j] / [mn(1+n)] \tag{6.9}$$

但是,专家排序法中的权重计算式与专家们对各因素的重要程度的评定结果有关。如果他们看法基本上一致,则所得权重是具有实际意义的,反之则不然。因此,在计算各因素权重之前,需对专家的评定结果进行显著性检验,经确认其意见基本一致后再计算权重。其显著性检验步骤如下:

(1)假设 H_0:m 个专家对 n 个因素的重要程度看法是不一致的。

(2)计算统计量 χ^2:

$$\chi^2 = m(n-1)W \tag{6.10}$$

式中:W 为肯德尔和谐系数。

$$W = 12S / [m^2(n^3 - n)] \tag{6.11}$$

式中:S 为每个被评对象的秩之和 R_i 与所有这些和的平均数 $\overline{R}_i$ 的离差平方和。

$$S = \sum_{i=1}^{n} (R_i + \overline{R}_i)^2 = \sum_{i=1}^{n} R_i^2 - \frac{1}{n} \left(\sum_{i=1}^{n} R_i \right)^2 \tag{6.12}$$

(3)根据显著性水平 α 及自由度 $df = n-1$,查 χ^2 值表确定临界值 $\chi^2_\alpha(df)$。

(4)结论:若 $\chi^2 \geq \chi^2_\alpha(df)$,则否定 H_0,表示 m 个专家看法是显著一致的;若 $\chi^2 < \chi^2_\alpha(df)$,则 H_0 相容,即 m 个专家的看法还没达到显著一致的程度,应建议专家对 m 个因素的重要程度再次进行排序,直到达到显著一致。

6.2.3　评价指标权重计算

依据构建的山区营运高速公路边坡稳定性风险评价指标体系,分为一级指标、二级指标和三级指标 3 个层次。一级指标有危险诱发类指标、危险抑制类指标和危害类指标,形成基本的目标层,然后在每个一级指标下确定几个重要的综合指标构成二级指标,再在每个二级指标下确定几个关键指标构成三级指标,所有的三级指标共同构成联系密切、顺序合理的方案层。结合评价指标权重的确定方法,即采用层次分析法(AHP)与专家排序的综合方法进行指标体系指标权重的分配计算。为此,选择安徽省山区营运高速公路养护管理人员以及工程地质勘察、设计、施工等方面的专家共 10 位,以发放专家问卷的数据收集方式,针对几个二级指标及三级指标各自的重要性进行分析和判断,构建各指标判断矩阵、排序、计算、归一化处理,采用 AHP 和专家排序法综合得到各级指标分配的权重,然后进行一致性检验,确定二级指标权重。

1)危险诱发类指标权重

(1)三级指标。

三级指标 X_{ij} 的权重,根据专家排序法进行权重分配。通过发放调查问卷结合研讨会的方式,收集 n 位专家对指标重要程度的排序结果,影响最大的为 1,影响其次的为 2,…,n,以此类推。以微地形地貌的三级指标为例,详细计算过程如下。

第一步,统计 10 位专家对微地形地貌的三级指标重要程度排序,如表 6.4 所示。

表 6.4　微地形地貌的三级指标重要程度排序

专家序号 n	山体最大相对高差 X_{11}	山体自然坡度 X_{12}
1	2	1
2	2	1
3	2	1
4	2	1
5	2	1
6	2	1
7	2	1
8	2	1
9	2	1
10	2	1
秩和 R_j	20	10

第二步,对专家的评定结果进行显著性检验。由 $m=10$,$n=2$,$R_1=20$,$R_2=10$,得 $S=50$,$W=1$,故 $\chi^2=m(n-1)W=10$。取 $\alpha=0.01$,因 $\chi^2=10>6.64$,显然 10 位专家的看法是一致的。

第三步,计算权重系数:

$$d_1 = 2 \times [10 \times (1+2) - R_1] / [10 \times 2 \times (1+2)] = 0.33$$
$$d_2 = 2 \times [10 \times (1+2) - R_2] / [10 \times 2 \times (1+2)] = 0.67$$

因此,确定危险诱发类指标的三级指标权重分配如表 6.5 所示。

表 6.5　危险诱发类指标的三级指标权重系数分配

二级指标	三级指标		二级指标	三级指标	
	指标	权重系数		指标	权重系数
微地形地貌 (X_1)	山体最大相对高差 (X_{11})	0.33	工程地质条件 (X_2)	地质灾害易发分区 (X_{21})	0.57
	山体自然坡度 (X_{12})	0.67		地震动峰值加速度 (X_{22})	0.43

续表6.5

二级指标	三级指标		二级指标	三级指标	
	指标	权重系数		指标	权重系数
气象与水文地质条件 (X_3)	日最大降雨量 (X_{31})	0.33	坡体岩土性质 (X_5) （填方边坡）	坡体填料 (X_{51})	0.40
	年降水量 (X_{32})	0.25		基底坡面与坡向的关系 (X_{52})	0.25
	最低月平均气温 (X_{33})	0.07		基底条件 (X_{53})	0.16
	地表水活动 (X_{34})	0.20		控制性层面 (X_{54})	0.17
	地下水活动 (X_{35})	0.15	坡体岩土性质 (X_5) （土质挖方边坡）	土体类型 (X_{51})	0.50/0.50
坡体断面几何特征 (X_4)	边坡高度 (X_{41})	0.50		土体密实度 (X_{52})	0.25/0
	边坡坡角 (X_{42})	0.50		土体湿度状态 (X_{53})	0.25/0
坡体变形状况 (X_6)	坡体病害历史 (X_{61})	0.33		黏性土稠度状态 (X_{54})	0/0.50
	坡体变形现状 (X_{62})	0.67	坡体岩土性质 (X_5) （岩质挖方边坡）	岩石坚硬程度 (X_{51})	0.20
其他诱发因素 (X_7)	交通荷载等级 (X_{71})	0.20		结构面发育程度 (X_{52})	0.20
	人为扰动 (X_{72})	0.30		结构面结合程度 (X_{53})	0.20
	浸水冲蚀 (X_{73})	0.40		外倾结构面倾角 (X_{54})	0.40
	其他偶发因素 (X_{74})	0.10			

（2）二级指标。

目标层 X 的二级指标 X_i，根据 AHP 进行权重分配的计算。基于 n 位专家判断，得到每一层指标中两两比较的重要性的打分结果，将所有专家的评分结果进行几何平均，确定对应的判断矩阵。利用 Matlab 软件编写程序，针对不同边坡类型进行具体计算，并进行一致性检验。

①填方边坡。

填方边坡稳定性危险诱发类指标 X 的二级指标判断矩阵及权重分配结果如表 6.6 所示。

表6.6　危险诱发类指标的权重判断矩阵及权重分配（填方边坡）

X	X_1	X_2	X_3	X_4	X_5	X_6	X_7	权重
X_1	1	1	1/2	1/2	1/3	1/3	2	0.0689
X_2	1	1	1/2	1/3	1/3	1/4	1	0.0689
X_3	2	2	1	1/2	1/2	1/2	2	0.1269
X_4	2	3	2	1	1/2	1/2	2	0.1640
X_5	3	3	2	2	1	1/2	1/3	0.1640
X_6	3	4	2	2	2	1	4	0.2970
X_7	1/2	1	1/2	1/2	3	1/4	1	0.1103

判断矩阵 X 的最大特征值 $\lambda_{max}=7.7249$，一致性指标 $CI=0.1208$，一致性比例 $CR=0.0915<0.1$，通过一致性检验。

②土质挖方边坡。

土质挖方边坡稳定性危险诱发类指标 X 的二级指标判断矩阵及权重分配结果如表 6.7 所示。

表 6.7　危险诱发类指标的权重判断矩阵及权重分配(土质挖方边坡)

X	X_1	X_2	X_3	X_4	X_5	X_6	X_7	权重
X_1	1	1/2	1/2	1/2	1/2	1/3	2	0.0788
X_2	2	1	1/2	1/3	1/2	1/4	1	0.0788
X_3	2	2	1	1/2	1/2	1/2	2	0.1240
X_4	2	3	2	1	2	1/2	3	0.2070
X_5	2	2	2	1/2	1	1/2	3	0.1602
X_6	3	4	2	2	2	1	4	0.2902
X_7	1/2	1	1/2	1/3	1/3	1/4	1	0.0610

判断矩阵 X 的最大特征值 $\lambda_{max}=7.2389$，一致性指标 $CI=0.0398$，一致性比例 $CR=0.0302<0.1$，通过一致性检验。

③岩质挖方边坡。

岩质挖方边坡稳定性危险诱发类指标 X 的二级指标判断矩阵及权重分配结果如表 6.8 所示。

表 6.8　危险诱发类指标的权重判断矩阵及权重分配(岩质挖方边坡)

X	X_1	X_2	X_3	X_4	X_5	X_6	X_7	权重
X_1	1	2	1/2	1/2	1/2	1/3	2	0.0957
X_2	1/2	1	1/2	1/2	1/3	1/4	1	0.0644
X_3	2	2	1	1/2	1/2	1/2	2	0.1237
X_4	2	2	2	1	1/2	1/2	3	0.1597
X_5	2	3	2	2	1	1/2	3	0.2063
X_6	3	4	2	2	2	1	4	0.2893
X_7	1/2	1	1/2	1/3	1/3	1/4	1	0.0608

判断矩阵 X 的最大特征值 $\lambda_{max}=7.1570$，一致性指标 $CI=0.0262$，一致性比例 $CR=0.0198<0.1$，通过一致性检验。

④二元介质边坡。

二元介质边坡稳定性危险诱发类指标 X 的二级指标判断矩阵及权重分配结果如表 6.9 所示。

表 6.9　危险诱发类指标的权重判断矩阵及权重分配(二元介质边坡)

X	X_1	X_2	X_3	X_4	X_5	X_6	X_7	权重
X_1	1	2	1/2	1/2	1/2	1/3	2	0.0973
X_2	1/2	1	1/2	1/2	1/2	1/4	1	0.0694
X_3	2	2	1	1	1	1/2	2	0.1531
X_4	2	2	1	1	1	1/2	3	0.1623
X_5	2	2	1	1	1	1/2	3	0.1623
X_6	3	4	2	2	2	1	4	0.2939
X_7	1/2	1	1/2	1/3	1/3	1/4	1	0.0618

判断矩阵 X 的最大特征值 $\lambda_{max} = 7.0751$，一致性指标 $CI = 0.125$，一致性比例 $CR = 0.0095 < 0.1$，通过一致性检验。

2)危险抑制类指标权重

(1)三级指标。

在工程实际中，在役边坡的防护工程可能是植物防护、工程防护、导流建筑物等的一种或多种联合防护形式，它们对抑制边坡稳定性危险的作用都是同等重要的。考虑到排水设施、防护工程和支挡结构包括多个分项工程，采用 AHP 或者专家排序法的工作量都非常大，且易产生混乱。参考专家意见，将排水设施状况 Y_1、防护工程状况 Y_2 与支挡结构状况 Y_3 的三级指标权重系数按照边坡已有的设施确定为同等权重。例如，某边坡的防护工程仅有植物防护和工程防护，缺少综合防护和导流建筑物，则防护工程状况的三级指标植物防护 Y_{21} 和工程防护 Y_{22} 权重系数均为 0.5。其他抑制因素 Y_4 的三级指标权重系数分配采用专家排序法。因此，危险抑制类指标的三级指标权重分配如表 6.10 所示。

表 6.10　危险抑制类指标的三级指标权重系数分配

二级指标	三级指标		二级指标	三级指标	
	指标	权重系数		指标	权重系数
排水设施状况(Y_1)	地表排水设施(Y_{11})	同等权重总和为1	支挡结构状况(Y_3)	挡土墙(Y_{31})	同等权重总和为1
	地下排水设施(Y_{12})			锚固结构(Y_{32})	
防护工程状况(Y_2)	植物防护(Y_{21})	同等权重总和为1		抗滑桩(Y_{33})	
	工程防护(Y_{22})		其他抑制因素(Y_4)	植被覆盖度(Y_{41})	0.33
	综合防护(Y_{23})			管养水平(Y_{42})	0.67
	导流建筑物(Y_{24})				

（2）二级指标。

不同工况下，不同的排水设施、防护工程和支挡结构组合状态对边坡稳定性的重要性各不相同。采用 AHP，利用 Matlab 软件编写程序，针对不同组合状态下的指标重要程度进行具体计算，并进行一致性检验。当边坡上无排水设施、防护工程、支挡结构时，危险抑制类指标只考虑植被覆盖度、管养水平等其他抑制类因素，此时其他抑制类因素对边坡稳定性的影响程度非常重要，即为 1。

①组合状态 I：排水设施+防护工程+支挡结构。

组合状态 I 边坡稳定性危险抑制类指标 Y 的二级指标判断矩阵及权重分配结果如表 6.11 所示。

表 6.11　危险抑制类指标的权重判断矩阵及权重分配（组合状态 I）

Y	Y_1	Y_2	Y_3	Y_4	权重
Y_1	1	1	1/2	1/2	0.0833
Y_2	1	1	1/2	1/3	0.0833
Y_3	2	2	1	1/2	0.7500
Y_4	2	3	2	1	0.0833

判断矩阵 Y 的最大特征值 $\lambda_{max}=4$，一致性指标 $CI=5.9212\times10^{-16}$，一致性比例 $CR=6.5791\times10^{-16}<0.1$，通过一致性检验。

②组合状态 II：排水设施+防护工程。

组合状态 II 边坡稳定性危险抑制类指标 Y 的二级指标判断矩阵及权重分配结果如表 6.12 所示。

表 6.12　危险抑制类指标的权重判断矩阵及权重分配（组合状态 II）

Y	Y_1	Y_2	Y_4	权重
Y_1	1	1/9	2	0.1140
Y_2	9	1	9	0.8142
Y_4	1/2	1/9	1	0.0718

判断矩阵 Y 的最大特征值 $\lambda_{max}=3.0536$，一致性指标 $CI=0.0268$，一致性比例 $CR=0.0462<0.1$，通过一致性检验。

③组合状态 III：排水设施+支挡结构。

组合状态 III 边坡稳定性危险抑制类指标 Y 的二级指标判断矩阵及权重分配结果如表 6.13 所示。

表 6.13　危险抑制类指标的权重判断矩阵及权重分配(组合状态Ⅲ)

Y	Y_1	Y_3	Y_4	权重
Y_1	1	1/9	2	0.1140
Y_3	9	1	9	0.8142
Y_4	1/2	1/9	1	0.0718

判断矩阵 Y 的最大特征值 $\lambda_{max}=3.0536$，一致性指标 $CI=0.0268$，一致性比例 $CR=0.0462<0.1$，通过一致性检验。

④组合状态Ⅳ：防护工程+支挡结构。

组合状态Ⅳ边坡稳定性危险抑制类指标 Y 的二级指标判断矩阵及权重分配结果如表 6.14 所示。

表 6.14　危险抑制类指标的权重判断矩阵及权重分配(组合状态Ⅳ)

Y	Y_2	Y_3	Y_4	权重
Y_2	1	1/9	2	0.1140
Y_3	9	1	9	0.8142
Y_4	1/2	1/9	1	0.0718

判断矩阵 Y 的最大特征值 $\lambda_{max}=3.0536$，一致性指标 $CI=0.0268$，一致性比例 $CR=0.0462<0.1$，通过一致性检验。

⑤组合状态Ⅴ～Ⅶ：排水设施/防护工程/支挡结构。

组合状态Ⅴ～Ⅶ边坡稳定性危险抑制类指标 Y 的二级指标判断矩阵及权重分配结果如表 6.15 所示。

表 6.15　危险抑制类指标的权重判断矩阵及权重分配(组合状态Ⅴ～Ⅶ)

Y	$Y_1/Y_2/Y_3$	Y_4	权重
$Y_1/Y_2/Y_3$	1	2	0.8333
Y_4	1/2	1	0.1667

判断矩阵 Y 的最大特征值 $\lambda_{max}=2$，一致性指标 $CI=0$，一致性比例 $CR=0<0.1$，通过一致性检验。

3)危害类指标权重

(1)三级指标。

在工程实际中，边坡稳定性风险的危害类影响因素主要考虑对高速公路危害程度、对周边设施危害程度和对环境危害程度三个方面。危害类指标的三级指标 Z_{ij} 的权重，根据专家排序法进行权重分配，具体如表 6.16 所示。

(2)二级指标。

目标层 Z 的二级指标 Z_i，根据 AHP 进行权重分配，应用 Matlab 软件进行具体计算与一致性检验，从而得到危害类指标的二级指标权重系数分配如表 6.17 所示。

表 6.16　危害类指标的三级指标权重系数分配

二级指标	三级指标		二级指标	三级指标	
	指标	权重系数		指标	权重系数
对高速公路危害程度(Z_1)	预计路内设施危害程度(Z_{11})	0.40	对周边设施危害程度(Z_2)	设施重要程度(Z_{21})	0.50
	预计中断交通时间(Z_{12})	0.30		设施位置(Z_{22})	0.50
	预估经济损失(Z_{13})	0.30	对环境危害程度(Z_3)	环境影响区(Z_{31})	1.00

表 6.17　危害类指标的权重判断矩阵及权重分配

Z	Z_1	Z_2	Z_3	权重
Z_1	1	3	9	0.6813
Z_2	1/3	1	4	0.2499
Z_3	1/9	1/4	1	0.0688

判断矩阵 Z 的最大特征值 $\lambda_{\max} = 3.0092$，一致性指标 $CI = 0.0046$，一致性比率 $CR = 0.0079 < 0.1$，通过一致性检验。

基于计算得到的二级、三级指标权重系数取值，结合安徽省山区营运高速公路边坡实际状况，依据专家的实践经验，对个别指标的权重系数进行适当修正，从而得到山区营运高速公路边坡稳定性风险评价指标权重系数取值如表 6.18~表 6.20 所示。

表 6.18　三级指标权重系数 γ_{ij} 取值

二级指标	三级指标		二级指标	三级指标	
	指标	权重系数		指标	权重系数
微地形地貌(X_1)	山体最大相对高差(X_{11})	0.30	坡体岩土性质(X_5)（填方边坡）	坡体填料(X_{51})	0.50
	山体自然坡度(X_{12})	0.70		基底坡面与边坡坡向的关系(X_{52})	0.20
工程地质条件(X_2)	地质灾害易发分区(X_{21})	0.60		基底条件(X_{53})	0.15
	地震动峰值加速度(X_{22})	0.40		控制性层面(X_{54})	0.15
气象与水文地质条件(X_3)	日最大降雨量(X_{31})	0.40	坡体岩土性质(X_5)（土质挖方边坡）	土体类型(X_{51})	0.50/0.50
	年降水量(X_{32})	0.25		土体密实度(X_{52})	0.25/0
	最低月平均气温(X_{33})	0.05		土体湿度状态(X_{53})	0.25/0

续表6.18

二级指标	三级指标		二级指标	三级指标	
	指标	权重系数		指标	权重系数
气象与水文地质条件(X_3)	地表水活动(X_{34})	0.15	坡体岩土性质(X_5)(土质挖方边坡)	黏性土稠度状态(X_{54})	0/0.50
	地下水活动(X_{35})	0.15	坡体岩土性质(X_5)(岩质挖方边坡)	岩石坚硬程度(X_{51})	0.20
坡体断面几何特征(X_4)	边坡高度(X_{41})	0.50		结构面发育程度(X_{52})	0.20
	边坡坡角(X_{42})	0.50		结构面结合程度(X_{53})	0.20
坡体变形状况(X_6)	坡体病害历史(X_{61})	0.10		外倾结构面倾角(X_{54})	0.40
	坡体变形现状(X_{62})	0.90	其他诱发因素(X_7)	交通荷载等级(X_{71})	0.20
排水设施状况(Y_1)	地表排水设施(Y_{11})	同等权重总和为1		人为扰动(X_{72})	0.30
	地下排水设施(Y_{12})			浸水冲蚀(X_{73})	0.40
防护工程状况(Y_2)	植物防护(Y_{21})	同等权重总和为1		其他偶发因素(X_{74})	0.10
	工程防护(Y_{22})		其他抑制因素(Y_4)	植被覆盖度(Y_{41})	0.20
	综合防护(Y_{23})			管养水平(Y_{42})	0.80
	导流建筑物(Y_{24})		对高速公路危害程度(Z_1)	预计路内设施危害程度(Z_{11})	0.40
支挡结构状况(Y_3)	挡土墙(Y_{31})	同等权重总和为1		预计中断交通时间(Z_{12})	0.30
	锚固结构(Y_{32})			预估经济损失(Z_{13})	0.30
	抗滑桩(Y_{33})		对周边设施危害程度(Z_2)	设施重要程度(Z_{21})	0.50
对环境危害程度(Z_3)	环境影响区(Z_{33})	1.0		设施位置(Z_{22})	0.50

表 6.19　二级指标权重系数 γ_i 取值(危险诱发类指标、危害类指标)

一级指标	二级指标	填方边坡	土质挖方边坡	岩质挖方边坡	二元介质边坡
危险诱发类指标(X)	微地形地貌(X_1)	0.10	0.10	0.10	0.10
	工程地质条件(X_2)	0.03	0.06	0.06	0.06
	气象与水文地质条件(X_3)	0.14	0.14	0.14	0.16
	坡体断面几何特征(X_4)	0.18	0.22	0.18	0.19
	坡体岩土性质(X_5)	0.22	0.18	0.22	0.19
	坡体变形状况(X_6)	0.27	0.27	0.27	0.27
	其他诱发因素(X_7)	0.06	0.03	0.03	0.03
危害类指标(Z)	对高速公路危害程度(Z_1)	0.55	0.55	0.55	0.55
	对周边设施危害程度(Z_2)	0.35	0.35	0.35	0.35
	对环境危害程度(Z_3)	0.10	0.10	0.10	0.10

表 6.20　二级指标权重系数 γ_i 取值(危险抑制类指标)

一级指标	既有排水设施、防护工程、支挡结构组合状态	二级指标			
		排水设施状况(Y_1)	防护工程状况(Y_2)	支挡结构状况(Y_3)	其他抑制因素(Y_4)
危险抑制类指标(Y)	排水设施+防护工程+支挡结构	0.10	0.10	0.70	0.10
	排水设施+防护工程	0.20	0.70	0.00	0.10
	排水设施+支挡结构	0.20	0.00	0.70	0.10
	防护工程+支挡结构	0.00	0.20	0.70	0.10
	排水设施	0.90	0.00	0.00	0.10
	防护工程	0.00	0.90	0.00	0.10
	支挡结构	0.00	0.00	0.90	0.10
	无	0.00	0.00	0.00	1.00

6.3　边坡稳定性风险等级划分及综合评价

边坡稳定性风险等级划分及综合评价能更加直观地体现出公路边坡的管理水平,为管理者的决策提供依据。在工程实践中,各指标的重要性和影响程度不同,通过主控因素与指标体系相结合的方法确定边坡稳定性风险等级,以充分考虑边坡稳定性影响因素的复杂性和不确定性,使得评价结果能够真实反映工程实际风险状况,具有重要的理论和实际意义及应用价值。

6.3.1　基准风险等级

参考《公路桥梁技术状况评定标准》(JTG/T H21—2011)、《自然灾害综合风险公路承灾体普查技术指南》、《在役公路边坡工程风险评价技术规程》(T/CECS G：E70-01—2019)等相关行业标准、规范与文献资料,根据边坡稳定性状态变化的实际情况,综合多年积累的工程实践经验,结合专家意见,确定基准风险等级为5类,具体如表6.21所示。风险等级对应的具体划分标准按照计算的风险指数分值与现场综合评判结果对比分析确定。

表 6.21　边坡稳定性风险等级基准划分

风险等级	等级与适用场景说明
1 类	低风险,只需进行日常巡检、养护管理即可 边坡整体无明显破损、变形

续表6.21

风险等级	等级与适用场景说明
2类	中风险，需要密切关注，定期记录 1)边坡坍塌、路基沉降、路面开裂或路肩损坏等，长度不超过5 m 2)有少量变形或细微裂缝且无错台 3)雨水冲刷坡面形成深度不超过10 cm的沟槽(含坡脚缺口) 4)排水设施部分存在杂物、垃圾
3类	较高风险，专项巡检，加强监测，并考虑增设防护 1)存在局部变形或少量贯通裂缝，错台高度≤30 mm 2)碎石滚落、表面松散破碎 3)坍塌、路基沉降、路面开裂或路肩损坏等，长度5~10 m
4类	高风险，需专项设计、养护 1)边坡有鼓胀、隆起现象，裂缝分布密集、贯通，错台高度>30 mm 2)坍塌、路基沉降、路面开裂或路肩损坏等，长度>10 m 3)对于排水设施、防护工程、支挡结构，存在鼓肚、下沉等局部结构性损坏
5类	极高风险 1)坡体出现冲刷、落石、碎落、局部坍塌等危及桥梁、隧道安全 2)坡体出现贯通滑动面，存在整体变形迹象 3)坡体发生下滑、崩塌、坍塌等变形，影响正常通行或威胁交通安全 4)对于支挡结构 (1)挡土墙出现整体开裂、鼓肚、倾斜、滑移、倒塌、基础淘空等 (2)锚固结构出现锚杆(索)严重损坏、断裂，内锚固段失效滑移，地梁或框架脱空、断裂等 (3)抗滑桩出现混凝土或钢筋拉断、剪断、折断，侧向稳定性不足，整体倾斜、滑移等

6.3.2 风险评价方法

风险评价方法有多种，其原理、适用范围和结果呈现方式各有不同，根据评价指标利用方式和评价目的的不同，有模糊综合评价法、回归分析法、人工神经网络法、主控因素法、LS法、LEC法等，对应的原理和特点如表6.22所示。

对于同一个评价指标体系，采用不同的综合评价方法得到的评价结果不同。只有采用适当的风险分析方法对风险因素及其后果进行全面评价，得到的评估结果才有助于管理者决策。比如，邻近高速公路、居民区或关键结构的边坡失稳导致的损失是巨大的，此时对应的边坡风险极高。根据多种评价方法的分析，结合本研究中对象样本少、指标多等特点，为确定针对山区营运高速公路边坡稳定性风险评价体系的最优评价方案，基于构建的分层指标体系，选用LS法和LEC法并结合主控因素法分别进行山区营运高速公路边坡稳定性风险评价，划分并优化风险等级的指数分值分级标准。

表 6.22　常用评价方法对比

评价方法	原理	特点
模糊综合评判法	运用模糊数学原理和隶属度理论,建立模糊关系矩阵,确定指标与评价等级集合的模糊关系,得到最终的综合评价结果	优点:应用范围很广,无论是主观指标还是客观指标都可以完成评价 缺点:计算烦琐,隶属函数的选择对结果影响较大
回归分析法	研究预测目标和其影响因素间的因果关系及其强弱程度	优点:可较好地分析影响边坡稳定性风险的显著因素 缺点:涉及的因素和数据量较多,统计检验较复杂,因素的选择对结果影响较大
人工神经网络法	模仿动物神经网络的处理信息的生物学特点,通过神经网络间的复杂架构对数据进行处理,得到评价结果	优点:较强的学习能力、自适应能力和纠错能力,能充分利用不够完整的信息 缺点:无法解释输出函数的推理过程及依据,指标数字化会导致关键信息的丢失
主控因素法	直接影响或控制失稳病害的发生与否	适用范围窄,不具一般性
LS 法	通过对与系统风险有关的危险性指标值与危害性指标值的乘积来评价风险	属性间的不可补偿性
LEC 法	通过对与系统风险有关的 3 种因素指标值的乘积来评价风险	属性间的不可补偿性

1)LS 法

本研究中,LS 法中的 L 表示风险导致灾害发生的可能性,S 表示风险导致灾害发生后果的严重性,表达式如下:

$$RI = \frac{[\alpha \cdot X + (1-\alpha) \cdot Y] \cdot Z}{100}$$

$$= \frac{[\alpha \cdot (\sum_{i=1}^{l} \gamma_{x,i} \cdot X_i) + (1-\alpha)(\sum_{i=1}^{m} \gamma_{y,i} \cdot Y_i)] \cdot (\sum_{i=1}^{n} \gamma_{z,i} \cdot Z_i)}{100} \quad (6.13)$$

其中,

$$X_i = \sum_{j=1}^{l_i} \gamma_{x,ij} \cdot X_{ij}$$

$$Y_i = \sum_{j=1}^{m_i} \gamma_{y,ij} \cdot Y_{ij}$$

$$Z_i = \sum_{j=1}^{n_i} \gamma_{z,ij} \cdot Z_{ij}$$

式中：RI 为风险指数；100 为将 RI 转换为百分制的常系数；α 为决策者偏好系数，取值为 0 ~1，此处取 0.5；X、X_i、X_{ij} 分别为危险诱发类一、二、三级指标分值；Y、Y_i、Y_{ij} 分别为危险抑制类一、二、三级指标分值；Z、Z_i、Z_{ij} 分别为危害类一、二、三级指标分值；i、j 分别为二、三级指标序号；l、m、n 分别为危险诱发类、危险抑制类、危害类二级指标个数；l_i、m_i、n_i 分别为危险诱发类、危险抑制类、危害类二级指标对应的三级指标个数；$\gamma_{x,i}$、$\gamma_{y,i}$、$\gamma_{z,i}$ 分别为危险诱发类、危险抑制类、危害类二级指标权重系数；$\gamma_{x,ij}$、$\gamma_{y,ij}$、$\gamma_{z,ij}$ 分别为危险诱发类、危险抑制类、危害类三级指标权重系数。

2）LEC 法

基于乘法规则的 LEC 法，只要有一个属性值为零，其综合评价指标也为零，弥补了传统加权和法的属性补偿性缺陷。格雷厄姆等提出的 LEC 法[57] 是对具有潜在危险性作业环境中的危险源进行半定量的安全评价方法，最先用于评价操作人员在具有前者危险性环境中作业时的危险性、危害性。本研究中的风险评估，是根据风险导致发生灾害的危险诱发性、危险抑制性和后果危害性的程度。LEC 法的表达式如下：

$$RI = \frac{X \cdot Y \cdot Z}{10000} = \frac{\left(\sum_{i=1}^{l} \gamma_{x,i} \cdot X_i\right) \cdot \left(\sum_{i=1}^{m} \gamma_{y,i} \cdot Y_i\right) \cdot \left(\sum_{i=1}^{n} \gamma_{z,i} \cdot Z_i\right)}{10000} \quad (6.14)$$

式中：10000 为将 RI 转换为百分制的常系数；其余字母含义同前。

6.3.3　风险综合评价

1）主控因素法

在进行边坡稳定性风险评估时，若发现坡体或支挡结构出现或即将出现严重变形或破坏，或者边坡病害威胁桥梁、隧道或交通安全时，可直接依据主控因素法，认定边坡稳定性风险等级为极高风险。根据《公路路基养护技术规范》（JTG 5150—2020）路基病害扣分标准和《公路技术状况评定标准》（JTG 5210—2018）路基损坏扣分标准，有下列情况之一，就可确定该边坡为极高风险边坡。

（1）坡体出现冲刷、落石、碎落、局部坍塌等危及桥梁、隧道安全。

（2）坡体出现贯通滑动面，存在整体变形迹象。

（3）坡体发生下滑、崩塌、坍塌等变形影响正常通行或威胁交通安全。

（4）对于支挡结构：

①挡土墙出现整体开裂、鼓肚、倾斜、滑移、倒塌、基础淘空等。

②锚固结构出现锚杆（索）严重损坏、断裂，内锚固段失效滑移，地梁或框架梁脱空、断裂等。

③抗滑桩出现混凝土或钢筋拉断、剪断、折断，侧向稳定性不足，整体倾斜、滑移等。

2）指标体系法

当不具有以上情况时，根据确定的指标权重取值，采用指标体系法进行评价，借助"山区营运高速公路边坡稳定性风险评价系统 V1.0"软件，分别利用 LS 法与 LEC 法计算表 6.1 中 66 处调研边坡的稳定性风险指数，得到相应的统计结果如表 6.23 所示。

表 6.23　边坡稳定性风险指数统计结果

序号	边坡类型	LS 法 RI_1	LEC 法 RI_2	序号	边坡类型	LS 法 RI_1	LEC 法 RI_2
1	填方	71.93	59.33	2	填方	38.64	16.60
3	土质挖方	53.71	38.12	4	土质挖方	27.66	10.29
5	填方	43.36	20.04	6	填方	40.18	17.2
7	填方	38.71	16.55	8	岩质挖方	37.63	14.26
9	二元介质	60.42	48.27	10	二元介质	31.87	13.19
11	填方	69.13	59.85	12	填方	40.69	18.22
13	填方	53.28	34.17	14	填方	38.37	16.42
15 *	土质挖方	64.35	47.32	16	土质挖方	33.5	13.10
17	二元介质	58.71	42.29	18	二元介质	58.71	42.29
19 *	二元介质	60.32	45.06	20	二元介质	32.20	12.76
21	二元介质	32.59	10.81	22	填方	66.36	44.73
23	填方	42.16	17.53	24	填方	59.27	47.26
25	填方	48.38	28.42	26 *	填方	60.10	34.92
27	填方	41.34	16.95	28	岩质挖方	31.52	10.62
29	填方	61.36	42.26	30	填方	41.65	18.00
31	填方	73.73	60.21	32	填方	40.53	16.99
33	填方	67.58	48.60	34	填方	41.38	17.80
35	填方	68.43	52.34	36	填方	37.13	15.13
37	二元介质	49.68	32.68	38	二元介质	32.56	13.40
39	土质挖方	39.21	21.94	40	岩质挖方	31.01	13.32
41	二元介质	55.37	38.18	42	二元介质	35.47	14.36
43	二元介质	39.01	19.76	44	二元介质	52.77	36.05
45	二元介质	31.89	13.13	46	土质挖方	45.05	28.84
47	土质挖方	39.31	21.56	48	土质挖方	44.96	28.80
49	土质挖方	26.66	10.00	50	二元介质	64.84	47.54
51	二元介质	36.48	14.79	52	岩质挖方	47.76	30.85
53	土质挖方	52.24	38.36	54	土质挖方	57.50	44.28
55	二元介质	59.72	47.06	56	土质挖方	54.90	42.65
57	土质挖方	54.41	41.80	58	岩质挖方	32.75	12.80
59	二元介质	44.33	28.01	60	土质挖方	44.21	27.93
61	土质挖方	58.23	40.72	62	土质挖方	36.81	18.99
63	土质挖方	48.36	31.95	64	土质挖方	38.54	21.14
65	土质挖方	54.47	39.52	66	土质挖方	45.61	29.59

显然，依据主控因素法评判准则，结合安徽省山区营运高速公路 66 处典型服役边坡稳定性风险评估的现场调研状况，表 6.23 中 3 处标记" ＊ "号的边坡可直接确定为极高风险边坡，即 15、19、26 号边坡。其中，15 号为土质挖方边坡，坡体已发生坍塌，泥土砂石已滚落至半幅路面，威胁到通行安全；19 号为二元介质边坡，其护面墙从一级坡顶剪出，剪出口以上全部坍塌，存在明显的整体破坏迹象；26 号为填方边坡，路面多条纵向裂缝且呈发展状态，挡墙基础上端存在部分拥鼓，浆砌片石脱落等结构性破坏迹象，严重威胁到正常通行。

基于 LS 法与 LEC 法得到的两组数据，依据专家综合评判的风险等级，计算 2、3、4 类风险等级的风险指数对应的平均值、标准差、极大值和极小值，结果如表 6.24 和表 6.25 所示。

表 6.24　基于 LS 法的不同等级风险指数相关统计量

风险等级	均值	标准差	极大值	极小值
2 类	43.20	4.55	48.38	36.81
3 类	56.50	5.93	67.58	43.36
4 类	70.16	2.58	73.73	67.58

表 6.25　基于 LEC 法的不同等级风险指数相关统计量

风险等级	均值	标准差	极大值	极小值
2 类	25.98	4.56	31.95	10.00
3 类	40.31	6.73	48.60	18.99
4 类	56.07	5.29	60.21	48.60

根据统计结果进行适当调整，确定两种评价方法确定的风险指数划分标准如表 6.26 所示。

表 6.26　基于两种评价方法确定的风险指数划分标准

方法	1 类	2 类	3 类	4 类	5 类
LS 法	$RI \leqslant 36.0$	$36.0 < RI \leqslant 49.5$	$49.5 < RI \leqslant 63.0$	$63.0 < RI \leqslant 76.5$	$RI > 76.5$
LEC 法	$RI \leqslant 18.0$	$18.0 < RI \leqslant 33.0$	$33.0 < RI \leqslant 48.0$	$48.0 < RI \leqslant 63.0$	$RI > 63.0$

根据两种评价方法确定的风险指数划分标准，分别对统计的非主控因素法评判的其余 63 处边坡稳定性的隶属风险等级进行判断，并与专家评判的风险等级相比。结果显示，基于 LS 法的风险等级判断结果中有 17 处与专家评判的风险等级相异，准确率为 73.02%；而基于 LEC 法的风险等级判断结果中只有 3 处与专家评判的风险等级相异，准确率为 95.24%。显然，相较于前者，基于 LEC 法的边坡稳定性风险评价指数结果与对应的风险指数分级划分标准更优。其中，LEC 法的 3 处风险等级判断结果相异的边坡具体为：

（1）大别山区六岳高速公路上行线 K747+049 处填方边坡，风险指数为 20.04，划分为 2 类风险等级。此边坡暂无明显变形迹象，但挡墙坡脚处因修筑乡道，护脚矮墙已部分拆除，导致坡脚支撑削弱，考虑到若长期裸露会影响挡墙边坡的安全营运，专家评判为 3 类风险等级。

（2）大别山区岳潜高速公路上行线 K762+300 处填方边坡，风险指数为 18.22，比 1 类风险等级上限 18 略高，故划分为 2 类风险等级。此边坡曾出现坡脚挡墙局部崩塌，经加固处治后，当前为稳定状态，无明显变形迹象，专家评判为 1 类风险等级。

（3）皖南山区黄祁高速公路上行线 K13+400 处二元介质边坡，风险指数为 32.68，比 2 类风险等级上限 33 略低，故划分为 2 类风险等级。此边坡的拱形护坡存在少量贯通裂缝，截水沟发生局部变形，专家评判为 3 类风险等级。

显然，整体评价结果与实际情况接近，风险等级划分也能够较为直观地看出各边坡稳定性风险状况。因此，最终确定采用 LEC 法计算边坡稳定性风险指数，对应的边坡稳定性风险等级划分标准如表 6.27 所示。

表 6.27 边坡稳定性风险等级划分标准

风险等级	等级说明	风险指数
1 类	低风险	$RI \leq 18.0$
2 类	中风险	$18.0 < RI \leq 33.0$
3 类	较高风险	$33.0 < RI \leq 48.0$
4 类	高风险	$48.0 < RI \leq 63.0$
5 类	极高风险	$RI > 63.0$

6.4 边坡稳定性风险防治对策

根据边坡稳定性风险等级划分标准及评价结果，所构建的山区营运高速公路边坡稳定性风险评价指标体系与综合评价方法整体较好，指标全面、方法科学、可操作性强。随着山区高速公路运营里程的增加与使用年限的增长，边坡养护规模越来越大，沿线边坡受内、外多方面因素的影响，必然使得边坡稳定性风险随着内外条件变化而波动。基于确定的风险评价模型与风险等级划分标准，有利于快速而准确地评估边坡稳定性风险状态，指导边坡运营安全的综合管养和应急处置，确保山区营运高速公路通行安全及周边设施运营安全，并保护生态环境，提高边坡管养的科学决策能力和处治效果。

依托安徽省大别山和皖南山区及沿江地区的 8 条营运高速公路路基边坡的水毁养护工程，通过典型边坡历史状况调研以及现状的调研和回访，分析了边坡的当前稳定状况及水毁处治措施应用效果。据此，参考相关标准、技术规范、研究成果和专家意见，分析了山区营运高速公路边坡稳定性风险影响因素，并建立了相应的评价指标体系。采用专家排序法与 AHP 相结合的方法确定了危险诱发类、危险抑制类、危害类各级指标的权重，并结合

LEC 法得到了调研边坡的稳定性风险指数，并通过对前述方法的统计分析，提出了合理的风险等级划分标准。针对边坡隶属的稳定性风险等级不同，可根据以下风险防治对策建议进行综合管养和应急处置。

1）1 类低风险边坡

通常只需进行日常巡检，巡检频率每周不宜少于一次，并采取目测、实地测量与影像记录相结合的手段进行持续关注；结合修剪杂草、清除杂物等措施进行日常养护管理；若低风险边坡危险性有持续增大趋势，则应及时进行记录和汇报。

2）2 类中风险边坡

进行日常巡检的同时，加强养护管理，修整边坡缺口与路肩坡度，处理细微变形或裂缝等轻微病害；密切关注中风险边坡的危险性变化情况，做好定期观察记录，包括边坡变化情况、致险指标变化情况的纸质、影像记录等。

3）3 类较高风险边坡

制定专项巡检计划，增加监测措施，密切关注致险指标变化情况；若已有边坡防护措施，则需对边坡防护措施进行定期维护，如清理边坡零星塌方、修补坡面冲沟、修整边坡防护工程的局部表观性破坏；若无防护措施，则进一步研究是否需要增设防护并加强管控。

4）4 类高风险边坡

组织专家进行实地勘察，制定专项监测方案，对边坡位移、地下水变化等进行密切关注；建立预警方案，并制定应急处置措施。

5）5 类极高风险边坡

组织专家进行实地勘察，启动应急预案，进行应急抢险，安排专项治理；对边坡失稳影响区域内人员和设备进行撤离疏散。

因此，基于相关文献研究及专家经验，通过对安徽省山区营运高速公路边坡稳定性风险评价的系统研究，对不同风险等级的边坡提出了相应的防治对策，可科学指导边坡工程的养护管理决策。但在实际养护管理中，相应的防治措施只是针对边坡稳定性在不同风险等级情况下提出的边坡风险防治对策建议，在对具体边坡进行风险防治时，由于边坡工程的坡体结构、岩土性质、区域条件等方面具有较大的差异，应结合边坡的实际情况采取更加具体的防护加固措施，以达到更好的风险防治效果。

6.5　小结

在山区营运高速公路边坡稳定性风险影响因素调查分析的基础上，依据权重确定方法，计算了二、三级指标对应的权重系数，并结合基准风险等级划分，采用主控因素与指标体系相结合的综合方法确定了边坡稳定性风险等级划分标准，主要得到以下研究结果和结论。

（1）根据构建的山区营运高速公路边坡稳定性风险评价指标体系，制定了边坡稳定性风险评估的工作流程，以及边坡调查的要求、原则、范围、方法与内容，并进行了安徽省山区营运高速公路典型边坡的基本信息、危险诱发类因素、危险抑制类因素和危害类因素的调查,统计了 66 处边坡的各项指标评分值。结果显示,专家综合评判为低风险等级的边坡有 26 处,中风险等级边坡 13 处,较高风险等级边坡 19 处,高风险等级边坡 5 处,极高风险等级边坡 3 处。

(2)为合理分配边坡稳定性风险评价指标权重,参考专家意见,采用层次分析法(AHP)与专家排序法相结合的方法,按填方、土质挖方、岩质挖方和二元介质 4 类边坡分析确定了对应危险诱发类指标、危害类指标的权重系数值;对于边坡危险抑制类指标,分析确定了边坡既有排水设施、防护工程、支挡结构、其他抑制因素等的 7 种组合状态下的权重系数值。

(3)边坡稳定性风险综合评价与风险等级划分是边坡养护管理的决策基础,参考相关行业标准、规范,结合专家意见将基准风险等级分为 5 类。为确定合适的综合评价方法,基于构建的多层指标体系,选用 LS 法和 LEC 法,结合主控因素对比分析了两种方法的评价效果。结果表明,LEC 法更适用于边坡稳定性风险综合评价。此外,通过统计分析确定了合理的风险指数分级划分标准,即 1 类风险($RI \leq 18.0$)、2 类风险($18.0 < RI \leq 33.0$)、3 类风险($33.0 < RI \leq 48.0$)、4 类风险($48.0 < RI \leq 63.0$)、5 类风险($RI > 63.0$)。

(4)为有效提高边坡管养的科学决策能力和处治效果,针对边坡隶属的不同稳定性风险等级,提出了 5 类风险等级边坡的风险防治对策建议。

第 7 章
结论与建议

山区营运高速公路边坡稳定性风险评价指标体系和方法可为管养人员进行科学的风险评估提供技术支持，有利于科学高效地指导边坡稳定性的风险管控、维护管养、应急处置等，降低全寿命周期管养成本，确保高速公路通行安全及周边设施运营安全，并保护生态环境，提高边坡管养的科学决策能力和处治效果。为此，依托安徽省山区营运高速公路典型边坡的调研数据与系统分析，参考相关标准、技术规范和文献资料，构建了山区营运高速公路边坡稳定性风险评价的分类分级指标体系，并选用合理的评价模型进行了边坡稳定性风险指数计算，确定了风险等级划分标准，实现了定量化评估边坡稳定性风险状态。

7.1 主要结论

公路建设日益向工程地质条件复杂的山区推进，高速公路建设过程中形成了大量的填筑和开挖边坡，这些边坡具有点多面广、穿越地质单元多、稳定性衰减问题突出等特点，因此对山区营运高速公路边坡稳定性进行风险评价研究，提出有效的综合防治与应急处置对策建议尤为必要。据此，本研究以山区营运高速公路边坡稳定性风险评价为研究目标，依托安徽省大别山区和皖南山区共 8 条营运高速公路沿线 69 处典型边坡工程，开展了边坡养护历史资料调研、边坡状况实地调研、边坡地质特征调查、稳定性风险影响因素分析与评价指标体系构建等研究工作，并确定了边坡稳定性风险评价模型和风险等级划分标准，提出了边坡稳定性风险防治对策建议，从而取得以下主要研究结果和结论。

（1）根据安徽省山区营运高速公路路网现状，以及边坡调研基本要求和实施方案，选取大别山区和皖南山区的 8 条山区营运高速公路共 69 处典型边坡进行了现场调研和回访，主要考虑已处治、正在监测、存在潜在失稳风险及局部失稳的 4 类典型边坡。其中，大别山区调研了六安和安庆地区的六岳、岳潜和高界 3 条营运高速公路，共 11 处边坡，包括挖方边坡 6 处，填方边坡 5 处；皖南山区调研了黄山和池州地区的汤屯、铜汤、黄祁、铜池和安东 5 条营运高速公路，共 18 处边坡，包括挖方边坡 11 处，填方边坡 7 处。据此，统计了典型边坡的桩号位置、填挖类型、岩土类型、几何尺寸、支护结构等信息，分析了山区营运高速公路边坡水毁病害类型、采取的综合加固处治措施及应用效果，并总结了典型综合加固处治措施，从而为边坡稳定性风险评估提供了有效可靠的数据基础。

（2）调研结果表明，梅雨季节是安徽省山区营运高速公路边坡水毁病害的多发季节。

结合 69 处典型边坡的病害状况和历史资料,分析得到边坡的典型水毁病害类型,其中挖方边坡的常见病害主要有浅层土体滑塌、局部表层风化层溜塌及支护设施局部损坏和崩塌等,填方边坡的常见病害主要有浅层坡体局部冲刷溜塌及重力式挡墙局部破坏并伴随路面纵向开裂等。服役边坡病害的主要影响因素包括环境、坡体岩土质、坡体结构和人为扰动等 4 个方面,具有明显的雨季特征,并呈现坡腰病害高发的特点,且挖方边坡更容易发生各种病害。针对服役边坡的典型病害防治措施,挖方边坡主要采用锚杆(索)+框架梁、锚杆挂网喷混及坡体卸载+坡脚矮挡墙等措施进行处治,而填方重力式挡墙边坡主要采用增设体外扶壁墙及墙面预应力锚杆网格梁等措施进行加固。因此,调研结果可为建立山区营运高速公路边坡稳定性风险评价指标体系并提出风险防治对策提供可靠依据。

(3)根据调研结果,参考相关标准、技术规范、文献资料和专家意见,结合安徽省的区域条件、坡体结构、支护状况、危险危害、管养水平等实际情况,构建了山区营运高速公路边坡稳定性风险评价的分类分级指标体系,并确定了对应的指标评分标准。其中,将边坡分为填方、土质挖方、岩质挖方 3 类,二元介质边坡分别按土质和岩质挖方边坡进行评价;评价指标体系共分为危险诱发类、危险抑制类、危害类 3 个一级指标,并包括微地形地貌、排水设施状况、对高速公路危害程度等 14 个二级指标,山体最大相对高差、地表排水设施、预计路内设施危害程度等 46 个三级指标。各级指标评分标准均采用百分制,其中危险诱发和危险抑制 2 个危险类指标评分值按评分标准等级在 100 分内等分计算,危害类指标评分值在 70~100 分内按评分标准等级等分计算。

(4)基于构建的山区营运高速公路边坡稳定性风险评价指标体系,以及优化设计的边坡稳定性风险评估影响因素调查评分表,提出了边坡稳定性风险评估的工作流程及边坡调查的要求、原则、范围、方法与内容,对调查区域 66 处典型边坡的风险状况信息和评分值进行了统计分析。据此,参考专家意见,采用层次分析法结合专家排序法,确定了评价指标体系的权重系数;通过对比分析 LS 法与 LEC 法计算的边坡稳定性风险指数及专家综合评判的风险等级,表明 LEC 法的综合评价结果更优;结合主控因素法和提出的风险等级划分标准,实现了边坡稳定性风险的综合评价,并针对各类风险等级边坡提出了风险防治对策建议,从而为边坡稳定性的综合管养和应急处置提供了决策依据。

综上所述,本研究通过安徽省大别山和皖南山区及沿江地区营运高速公路典型边坡技术状况和历史建养资料的调研分析,构建了山区营运高速公路边坡稳定性风险评价指标体系,确定了各级指标评分标准,建立了边坡稳定性风险评价模型及风险等级划分标准,从而提出了一套主控因素和指标体系相结合的边坡稳定性风险评价方法,可为山区营运高速公路边坡稳定性的风险管控、综合管养及应急处置提供基础依据和技术支撑。

7.2 研究建议

在安徽省山区营运高速公路典型边坡技术状况调研与分析的基础上,借鉴相关标准、技术规范和研究成果,建立了山区营运高速公路边坡稳定性风险评价的分类分级指标体系,综合评价了边坡稳定性的风险等级,并提出了相应的防治对策建议,未来可进一步开展以下研究工作。

（1）良好的统计规律是建立在大样本数据基础之上的，应继续扩充、丰富山区营运高速公路边坡的技术状况调研数据库。

（2）可利用大数据和人工智能技术，融合微型气象站、北斗卫星导航系统等监测数据进行边坡稳定性风险的预测评价，以进一步增强边坡稳定性风险预报预警的时效性。

（3）边坡稳定性是一个受大量不确定因素影响的、非线性的动态系统，边坡稳定性的风险评估是一个复杂的系统工程，应进一步深入分析影响因素间的相互作用关系，研究风险传导机制与传导路径，以更好地为服役边坡的及时和长期养护管理提供有力的决策支持，保证边坡稳定的可靠性，控制边坡的安全风险水平。

附　录

附表 1　边坡破坏类型划分表

破坏类型	变形破坏特征	破坏模式
落石	坡体上由于节理、风化形成的小型岩石等分离体在重力、冰劈、根劈或其他外力的作用下从坡顶或坡面掉落的病害现象	坠落式、倾倒式、滑移式
碎落（溜砂）	边坡表层风化的岩土体在大气温度与湿度等的交替作用下，以及冲刷和重力作用下，呈片状或碎块状沿坡面滚落、堆积在坡脚的现象	—
崩塌	崩塌多发生在大于 60°~70° 的边坡上。边坡上局部岩土体向临空方向拉裂、移动、倾倒、崩落，崩塌体的主要运动形式为自由坠落或沿坡面的跳跃、滚动	坠落式、倾倒式、滑移式
滑塌	坡面岩土在饱水的状态下产生浅表层部分岩土整体坍移滑动的坡体病害现象，大多因暴雨触发，呈流塑状	蠕滑-拉裂；滑移-拉裂
坍塌	边坡在降雨或地下水等因素的作用下，由于坡率过陡，坡脚软化失去支撑，致使其上覆相应部分土层崩解、坍落，并堆于坡脚的坡体病害现象	蠕滑-拉裂；滑移-拉裂
滑坡	在一定的地形条件下，由于外界条件的变化，各种自然或人为因素影响，破坏了岩土体的力学平衡，使山坡上的不稳定岩土体在重力作用下，沿着一定的软弱面（带）作整体的、缓慢的、间歇性的向下滑动的不良地质现象，具有蠕动变形、挤压、微动、滑动 4 个阶段，有时也具有高速急剧移动现象	蠕滑-拉裂；滑移-拉裂；滑移-压致拉裂；塑流-拉裂
错落	坡脚岩体破碎或岩质软弱，边坡的岩体沿陡倾结构面发生整体下错、位移	滑移-拉裂；滑移-压致拉裂
倾倒	具有层状反向结构的边坡，在重力作用下，其表部岩层向边坡下方发生弯曲倾倒	弯曲-拉裂
溃屈	岩层倾角与坡角大体一致的层状同向结构边坡，上部岩层沿软弱面蠕滑，下部岩层鼓起、弯折、剪断。岩层沿上部层面和下部剪切面滑动	滑移-弯曲
坡面流石流泥（坡面溜塌）	坡面岩土体在坡面径流或暴流的冲刷下产生土石流失的现象（规模较大时刻产生坡面泥石流）	—
河湾凹岸冲刷	在沿河流弯道凹岸路段，路基受弯道凹岸冲刷和对岸挑流顶冲，在水流冲刷作用下，路基边坡的坡脚淘空造成路基坍塌	—

续附表1

破坏类型	变形破坏特征	破坏模式
河道压缩冲刷	沿河公路由于人为侵占洪水河槽或地形突变,河道变窄,挤束水流,导致上游壅水严重,压缩段流速增大,对沿河路基产生冲刷,造成水毁	—
防护工程冲刷	防护工程冲刷破坏,导致沿河公路水毁。根据工程实际需要往往采用护坡、挡土墙、丁坝、护坦及其组合形式,对沿河公路进行冲刷防护,但各种原因常常导致防护结构物自身抗冲刷能力和基础埋置深度不足,从而发生水毁	—
浸泡	由于水流长期或间断性浸泡产生水毁。沿河路基由于受到水的浮力、侧向压力及冲刷作用,形成水毁	—

附表2　边坡稳定性风险评估影响因素调查评分表

1. 基本信息

路线名称		路线编号	
边坡起讫桩号		边坡序号	
建(改)造年份		管养单位	
路基宽度/m			
车道数			
设计速度 /(km·h⁻¹)			
路线方向	□上行　□下行	（边坡全貌照片）	
边坡类型	□填方边坡　　□土质挖方边坡 □岩质挖方边坡□二元介质边坡		
坡长/m			
坡级			

2. 危险诱发类因素

微地形地貌(X_1)

山体最大相对高差 (X_{11})	□$\Delta H \leq 50$ m □50 m$<\Delta H \leq 200$ m □200 m$<\Delta H \leq 300$ m □300 m$<\Delta H \leq 500$ m □$\Delta H > 500$ m	20分 40分 60分 80分 100分	山体自然坡度 (X_{12})	□$\beta \leq 5°$ □$5°<\beta \leq 15°$ □$15°<\beta \leq 35°$ □$35°<\beta \leq 55°$ □$\beta > 55°$	20分 40分 60分 80分 100分

工程地质条件(X_2)

地质灾害易发分区 (X_{21})	□地质灾害非易发区 □地质灾害低易发区 □地质灾害中易发区 □地质灾害高易发区	25分 50分 75分 100分	地震动峰值加速度 (X_{22})	□$\alpha \leq 0.05g$ □$0.05g<\alpha \leq 0.10g$ □$0.10g<\alpha \leq 0.15g$ □$0.15g<\alpha \leq 0.20g$ □$\alpha > 0.20g$	20分 40分 60分 80分 100分

续附表2

气象与水文地质条件(X_3)

日最大降雨量 (X_{31})	□$Q_d \leqslant 24.9$ mm □25.0 mm$\leqslant Q_d \leqslant$49.9 mm □50.0 mm$\leqslant Q_d \leqslant$99.9 mm □100.0 mm$\leqslant Q_d \leqslant$249.9 mm □$Q_d \geqslant 250.0$ mm	20 分 40 分 60 分 80 分 100 分	年降水量 (X_{32})	□$Q_y \leqslant 600$ mm □600 mm$<Q_y \leqslant$1000 mm □1000 mm$<Q_y \leqslant$1400 mm □$Q_y>1400$ mm	25 分 50 分 75 分 100 分
最低月平均气温 (X_{33})	□$T_{min} \geqslant 6$℃ □6℃$>T_{min} \geqslant$4℃ □4℃$>T_{min} \geqslant$2℃ □$T_{min}<2$℃	25 分 50 分 75 分 100 分	地表水活动 (X_{34})	□排泄畅通：无任何淤积 □排泄较畅通：存在小部分淤积 □排泄较不畅：存在大范围淤积 □排泄不畅：无法排泄地表水	25 分 50 分 75 分 100 分
地下水活动 (X_{35})	□坡面无渗水 □坡面点状渗水 □坡面线状渗水 □坡面面状渗水		25 分 50 分 75 分 100 分		

断面几何特征(X_4)

*对于二元介质边坡，应按土质挖方边坡和岩质挖方边坡分别对边坡高度和边坡坡角三级指标评分，取二者的大值作为评分值

边坡高度 (X_{41}) □填方边坡	□$H \leqslant 3$ m □3 m$<H \leqslant$8 m □8 m$<H \leqslant$15 m □$H>15$ m	25 分 50 分 75 分 100 分	边坡坡角 (X_{42}) （边坡综合坡率 m）	□$\theta \leqslant 24.0°$ （$m \leqslant 1:2.25$） □24.0°$<\theta \leqslant$26.6° （1:2.25$<m \leqslant$1:2） □26.6°$<\theta \leqslant$29.7° （1:2$<m \leqslant$1:1.75） □29.7°$<\theta \leqslant$33.7° （1:1.75$<m \leqslant$1:1.5） □$\theta>33.7°$ （$m>1:1.5$）	20 分 40 分 60 分 80 分 100 分
边坡高度 (X_{41}) □土质挖方边坡	□$H \leqslant 8$ m □8 m$<H \leqslant$20 m □20 m$<H \leqslant$30 m □30 m$<H \leqslant$40 m □$H>40$ m	20 分 40 分 60 分 80 分 100 分	边坡坡角 (X_{42}) （边坡综合坡率 m）	□$\theta \leqslant 33.7°$ （$m \leqslant 1:1.5$） □33.7°$<\theta \leqslant$37.6° （1:1.5$<m \leqslant$1:1.3） □37.6°$<\theta \leqslant$42.3° （1:1.3$<m \leqslant$1:1.1） □42.3°$<\theta \leqslant$48.0° （1:1.1$<m \leqslant$1:0.9） □$\theta>48.0°$ （$m>1:0.9$）	20 分 40 分 60 分 80 分 100 分

续附表2

边坡高度 (X_{41}) □岩质挖方边坡	□H≤15 m □15 m<H≤30 m □30 m<H≤45 m □45 m<H≤60 m □H>60 m	20分 40分 60分 80分 100分	边坡坡角 (X_{42}) (边坡综合坡率 m)	□θ≤45.0° (m≤1:1) □45.0°<θ≤51.3° (1:1<m≤1:0.8) □51.3°<θ≤59.0° (1:0.8<m≤1:0.6) □59.0°<θ≤68.2° (1:0.6<m≤1:0.4) □θ>68.2° (m>1:0.4)	20分 40分 60分 80分 100分

坡体岩土性质(X_5)

* 对于二元介质边坡，应按土质挖方边坡和岩质挖方边坡分别对相应的三级指标评分，并计算二级指标分值，取二者的大值作为坡体岩土性质二级指标分值

□填方边坡

坡体填料 (X_{51})	□巨粒土 □粗粒土 □细粒土	33分 67分 100分	基底坡面与边坡坡向的关系 (X_{52}) (基底坡面综合坡率 m)	□反坡 □近水平(0°≤基底坡面坡角<11.3°) (m<1:5) □缓坡(11.3°≤基底坡面坡角<21.8°) (1:5≤m<1:2.5) □陡坡(基底坡面坡角≥21.8°) (m≥1:2.5)	25分 50分 75分 100分
基底条件 (X_{53})	□硬质岩 □软质岩 □土层	33分 67分 100分	控制性层面 (X_{54})	□无外倾不利结构面或软弱层 □有外倾不利结构面或软弱层	50分 100分

□土质挖方边坡

土体类型 (X_{51})	□碎石土 □砂土 □粉土 □黏性土	25分 50分 75分 100分	土体密实度 (X_{52})	□密实 □中密 □稍密 □松散	25分 50分 75分 100分
土体湿度状态 (X_{53})	□稍湿 □湿 □很湿	33分 67分 100分	黏性土稠度状态 (X_{54})	□坚硬 □硬塑 □可塑 □软塑	25分 50分 75分 100分

□岩质挖方边坡

续附表2

岩石的坚硬程度 (X_{51})	□坚硬岩 □较坚硬岩 □较软岩 □软岩 □极软岩	20分 40分 60分 80分 100分	结构面发育程度 (X_{52})	□Ⅰ:结构面1~2组,平均间距>1 m,呈整体或巨厚层状结构	20分
				□Ⅱ:结构面1~3组,平均间距1~0.4 m,呈块状或厚层状结构	40分
				□Ⅲ:结构面≥3组,平均间距1~0.2 m,呈裂隙块状或中厚层状、镶嵌碎裂、薄层状结构	60分
				□Ⅳ:结构面≥3组,平均间距0.4~0.2 m,呈裂隙块状或碎裂结构	80分
				□Ⅴ:结构面发育密集无序,岩体呈散体状结构	100分
结构面结合程度 (X_{53})	□好 □一般 □差 □很差	25分 50分 75分 100分	外倾结构面倾角 (X_{54})	□近水平(0°~5°)或内倾 □>76.0°或<26.6° □26.6°~76.0° □结构面无明显规律	25分 50分 75分 100分

坡体变形状况(X_6)

坡体病害历史 (X_{61})	□无:历史上无明显病害	20分	坡体变形现状 (X_{62})	□无:无变形、无裂缝	25分
	□轻微:由雨水冲刷坡面形成深度10 cm以上的沟槽(含坡脚缺口);排水设施堵塞、损坏等	40分		□轻微:有少量变形或细微裂缝且无错台;坍塌、路基沉降、路面开裂或路肩损坏等长度<5 m	50分
	□中等:因表层风化等产生的碎石滚落、局部崩塌等;防护工程、支挡结构表观性破损	60分		□中等:有局部变形或少量贯通裂缝,错台高度≤30 mm;碎石滚落、表面松散破碎、坍塌、路基沉降、路面开裂或路肩损坏等长度5~10 m	75分
	□较严重:表面松散破碎或雨水冲刷而引起的坡面滑塌;路面结构拉裂、错裂、弧形开裂等;防护工程、支挡结构局部结构性损坏	80分		□严重:有鼓胀、隆起现象,裂缝分布密集、贯通,错台高度>30 mm;坍塌、路基沉降、路面开裂或路肩损坏等长度>10 m	100分
	□严重:发生整体剪切破坏引起的坡体下滑,或有明显水平位移;防护工程、支挡结构整体毁坏、失效等	100分			

其他诱发因素(X_7)

续附表2

交通荷载等级 (X_{71})	□轻交通、中等交通 □重交通 □特重交通、极重交通	33分 67分 100分	人为扰动 (X_{72})	□坡体或坡面上无不合理的人类活动 □坡体或坡面上有不合理的开挖或破坏	50分 100分
浸水冲蚀 (X_{73})	□无 □坡体受水塘、水库、湖泊等水体浸泡 □坡体受天然沟渠、溪流、江河等水流冲刷、淘刷	33分 67分 100分	其他偶发因素 (X_{74})	□无明显车辆碰撞、爆炸、洪水等偶然破坏作用 □有明显车辆碰撞、爆炸、洪水等偶然破坏作用	50分 100分

3. 危险抑制类因素

排水设施状况(Y_1)

地表排水设施 (Y_{11})	□齐全完善，排水畅通 □不完善，存在垃圾、杂物 □存在全截面堵塞 □存在衬砌剥落、破损、圬工体破裂、管道损坏等 □与外部排水系统不连通	20分 40分 60分 80分 100分	地下排水设施 (Y_{12})	□齐全完善，排水畅通 □不完善，存在垃圾、杂物 □存在全截面堵塞 □存在衬砌剥落、破损、圬工体破裂、管道损坏等 □与外部排水系统不连通	20分 40分 60分 80分 100分

防护工程状况(Y_2)

植物防护 (Y_{21})	□完好，无明显坡面冲刷 □冲沟深度小于20 cm □冲沟深度20~50 cm □冲沟深度大于50 cm	25分 50分 75分 100分	工程防护 (Y_{22})	□完好，无明显损坏 □勾缝损坏、沉降缝损坏、表面破损、坡面渗水、坡面漏水、排水孔堵塞、钢筋外露和锈蚀等表观性破损 □局部的基础淘空、墙体脱空、轻度裂缝、鼓肚、下沉等结构性损坏	33分 67分 100分
综合防护 (Y_{23})	分别按植物防护和工程防护的标准评分，取二者的大值作为评分值	25分 33分 50分 67分 75分 100分	导流建筑物 (Y_{24})	□完好，无明显损坏 □勾缝损坏、沉降缝损坏、表面破损、坡面渗水、坡面漏水、排水孔堵塞、钢筋外露和锈蚀等表观性破损 □局部的基础淘空、墙体脱空、轻度裂缝、鼓肚、下沉等结构性损坏	33分 67分 100分

支挡结构状况(Y_3)

续附表2

挡土墙 (Y_{31})	□完好，无明显损坏	33 分	锚固结构 (Y_{32})	□完好，无明显损坏	33 分
	□勾缝损坏、沉降缝损坏、表面破损、坡面渗水、坡面漏水、排水孔堵塞、钢筋外露和锈蚀等表观性破损	67 分		□锚头锈蚀、封锚混凝土破坏等表观性损坏	67 分
				□地梁或框架梁裂缝、锚杆(索)部分损坏等结构性损坏	100 分
	□局部的基础淘空、墙体脱空、轻度裂缝、鼓肚、下沉等结构性损坏	100 分			

抗滑桩 (Y_{33})	□完好，无明显损坏	33 分
	□蜂窝、麻面、露筋等表观性损坏	67 分
	□裂缝、混凝土局部压溃造成钢筋保护层剥落等结构性损坏	100 分

其他抑制因素(Y_4)

植被覆盖度 (Y_{41})	□$FVC>75\%$	20 分	管养水平 (Y_{42})	□定期巡检，养护及时	50 分
	□$75\% \geqslant FVC>50\%$	40 分			100 分
	□$50\% \geqslant FVC>25\%$	60 分		□巡检不到位，养护不及时	
	□$25\% \geqslant FVC>5\%$	80 分			
	□$FVC \leqslant 5\%$	100 分			

4. 危害类因素

对高速公路危害程度(Z_1)

预计路内设施危害程度 (Z_{11})	□轻微：路内设施仅受到很小的影响或间接地受到影响，不影响使用	70 分	预计中断交通时间 (Z_{12})	□未造成中断	70 分
	□一般：路内设施遭到一些破坏或功能受到一些影响，及时修复后仍能使用；抢修、处置时间预计在 1 h 以上	80 分		□1~4 h	80 分
				□4~24 h	90 分
	□较严重：失稳事故发生后，路内设施遭到较大破坏或功能受到较大影响，需要进行专门的加固治理后才能投入正常运营；抢修、处置时间预计在 12 h 以上	90 分		□24 h 以上	100 分
	□严重：失稳事故发生后，路内设施完全破坏或功能完全丧失；抢修、处置时间预计在 24 h 以上	100 分			

续附表2

预估经济损失 (Z_{13})	□轻微：直接经济损失小于 100 万元 □一般：直接经济损失 100~500 万元 □较严重：直接经济损失 500~1000 万元 □严重：直接经济损失大于 1000 万元	70 分 80 分 90 分 100 分

对周边设施危害程度(Z_2)

设施重要程度 (Z_{21})	□安全等级三级：次要 建筑物和设施 □安全等级二级：一般 建筑物和设施 □安全等级一级：重要 建筑物和设施	70 分 85 分 100 分	设施位置 (Z_{22})	□设施位于下述范围外 □坡顶以外 1.5 倍坡 高、路基下方 2.0 倍坡 高范围内 □坡顶以外 1.0 倍坡 高、路基下方 1.5 倍坡 高范围内 □坡顶以外 0.5 倍坡 高、路基下方 1.0 倍坡 高范围内	70 分 80 分 90 分 100 分

对环境危害程度(Z_3)

环境影响区 (Z_{31})	□非环境敏感区 □环境敏感区	70 分 100 分

5. 边坡稳定性风险评估

危险诱发类指标(X)

二级指标	得分	权重系数			
		□填方边坡	□土质挖方边坡	□岩质挖方边坡	□二元介质边坡
微地形地貌(X_1)					
工程地质条件(X_2)					
气象与水文地质条件(X_3)					
坡体断面几何特征(X_4)					
坡体岩土性质(X_5)					
坡体变形状况(X_6)					
其他诱发因素(X_7)					

危险抑制类指标(Y)

二级指标	得分	权重系数（不同场景）							
		排+防+支	排+防	排+支	防+支	排	防	支	无
排水设施状况(Y_1)									
防护工程状况(Y_2)									
支挡结构状况(Y_3)									
其他抑制因素(Y_4)									

续附表2

危害类指标(Z)					
二级指标	得分	权重系数			
		□填方边坡	□土质挖方边坡	□岩质挖方边坡	□二元介质边坡
对高速公路危害程度(Z_1)					
对周边设施危害程度(Z_2)					
对环境危害程度(Z_3)					

危险诱发类指标得分(X)：$X = \sum_{i=1}^{l} \gamma_{x,i} \cdot X_i$

危险抑制类指标得分(Y)：$Y = \sum_{i=1}^{m} \gamma_{y,i} \cdot Y_i$

危害类指标得分(Z)：$Z = \sum_{i=1}^{n} \gamma_{z,i} \cdot Z_i$

风险指数(RI)：$RI = f(X, Y, Z)$

风险等级：
□1 类：低风险
□2 类：中风险
□3 类：较高风险
□4 类：高风险
□5 类：极高风险

6. 其他需要说明的信息

续附表2

7. 照片与工程简图(边坡典型照片)

填表单位:　　填表日期:　年　月　日　填表人:　审核人:　联系电话:

参考文献

［1］　中华人民共和国交通运输部.2021年交通运输行业发展统计公报［EB/OL］.https：//xxgk.mot.gov.
　　　cn/2020/jigou/zhghs/202205/t20220524_3656659.html,2022-05-25.

［2］　安徽省交通运输厅.安徽省高速公路网规划修编（2020—2035）［EB/OL］.http：//jtt.ah.gov.cn/
　　　xwdt/xwbd/120405631.html,2021-06-02.

［3］　柯劲松,张李荪,刘胜江,等.基于小波神经网络的第四系覆盖层边坡风险评价［J］.人民长江,
　　　2020,50（7）：136-140.

［4］　丁孝勇.不同类型土坡稳定可靠度分析方法及其应用［D］.广州：华南理工大学,2014.

［5］　Casagrande A.Role of the calculated risk in earthwork and foundation engineering［J］.Journal of the Soil
　　　Mechanics Division,1966,91：1-40.

［6］　张振.风险评估方法在边坡工程中的应用［D］.上海：同济大学,2006.

［7］　Whitman R V.Evaluating calculated risk in geotechnical engineering［J］.Journal of Geotechnical
　　　Engineering,1984,110（2）：145-188.

［8］　Carrara A.GIS techniques and statistical models in evaluating landslide hazard［J］.Earth Surface Processes
　　　and Landforms,1991,16（5）：427-445.

［9］　Fell R.Landslide risk assessment and acceptable risk［J］.Canadian Geotechnical Journal,1994,31（2）：
　　　261-272.

［10］　Anbalagan R,Singh B.Landslide hazard and risk assessment mapping of mountainous terrains－a case
　　　study from Kumaun Himalaya,India［J］.Engineering Geology,1996,43（4）：237-246.

［11］　Uromeihy A,Mahdavifar M R.Reply to discussion on "landslide hazard zonation of the Khorshrostam area,
　　　Iran"［J］.Bulletin of Engineering Geology and the Environment,2001,60（1）：81-81.

［12］　Cascini L.Applicability of landslide susceptibility and hazard zoning at different scales［J］.Engineering
　　　Geology,2008,102（3-4）：164-177.

［13］　Lari S,Frattini P,Crosta G B.A probabilistic approach for landslide hazard analysis［J］.Engineering
　　　Geology,2014,182：3-14.

［14］　Quillan A M,Canbulat I,Payne D,et al.New risk assessment methodology for coal mine excavated slopes
　　　［J］.International Journal of Mining Science and Technology,2018,28（4）：44-53.

［15］　Timur E,Tamer T.Assessment of rock slope stability with the effects of weathering and excavation by
　　　comparing deterministic methods and slope stability probability classification（SSPC）［J］.Environmental
　　　Earth Sciences,2018,77（14）：1-18.

［16］　Pan Q,Leung Y,Hsu S.Stochastic seismic slope stability assessment using polynomial chaos expansions
　　　combined with relevance vector machine［J］.Geoscience Frontiers,2020,177：83-92.

[17] 翟文光.运营高速公路边坡养护管理系统开发[D].重庆:重庆交通大学,2017.

[18] 吴世伟.水工结构风险分析[J].河海科技进展,1991,11(4):29-33.

[19] 刘玉恒,麻荣永,吴彰敦.土坝滑坡风险计算方法研究[J].红水河,2001,20(1):29-32.

[20] 赵其华,彭社琴,孙钧.和平沟滑坡风险性评价[J].山地学报,2002,20(5):611-615.

[21] 谢全敏,夏元友.岩体边坡治理决策的模糊层次分析方法研究[J].岩石力学与工程学报,2003,22(7):1117-1120.

[22] 朱良峰,吴信才,殷坤龙,等.基于信息量模型的中国滑坡灾害风险区划研究[J].地球科学与环境学报,2004,26(3):52-56.

[23] 李东升,刘东燕.边坡防灾工程风险决策分析[J].重庆大学学报(自然科学版),2005,28(12):104-107.

[24] 李典庆,吴帅兵.考虑时间效应的滑坡风险评估和管理[J].岩土力学,2006,27(12):2239-2245.

[25] 张春山,张业成,马寅生,等.区域地质灾害风险评价要素权值计算方法及应用——以黄河上游地区地质灾害风险评价为例[J].水文地质工程地质,2006,(6):84-88.

[26] 张雷,顾文红,王晓雪,等.高等级公路边坡工程风险因子识别及评估[J].地下空间与工程学报,2007,3(7):1265-1273.

[27] 黄建文,李建林,周宜红.基于AHP的模糊评判法在边坡稳定性评价中的应用[J].岩石力学与工程学报,2007,21(S1):2627-2632.

[28] 张雷,王晓雪.边坡工程风险评估与风险因子比率分析[J].地下空间与工程学报,2009,5(2):390-412.

[29] 王福恒.基于GIS的区域公路边坡灾害评价与预测研究[D].西安:长安大学,2011.

[30] 聂春龙.边坡工程风险分析理论与应用研究[D].长沙:中南大学,2012.

[31] 何海鹰,胡甜,赵健.基于AHP的岩质高边坡风险评估指标体系[J].中南大学学报(自然科学版),2012,43(7):2861-2868.

[32] 吴忠广,王海燕,陶连金,等.高速公路高边坡施工安全总体风险评估方法[J].中国安全科学学报,2014,24(12):124-129.

[33] 谢旺祥.高速公路改扩建工程高边坡施工过程中运营安全风险评价[D].长沙:长沙理工大学,2014.

[34] 赵博,张翛,元天宇.边坡风险评价动态模型的构建及其应用[J].沈阳工业大学学报,2018,40(2):229-234.

[35] 吴忠广,申瑞君,万福茂,等.岩质高边坡运营安全风险源辨识方法[J].公路交通科技,2018,35(3):8-27.

[36] 乔建刚,孙希涛.基于粗糙集赋权的山区公路土石边坡可拓稳定性评价模型[J].北京工业大学学报,2020,46(5):508-514.

[37] 罗路广,裴向军,崔圣华,等.九寨沟地震滑坡易发性评价因子组合选取研究[J].岩石力学与工程学报,2021,40(11):2306-2319.

[38] 赵国红.基于安徽省1:10万调查数据的崩塌影响因素分析[J].长春工程学院学报(自然科学版),2011,12(4):89-90+102.

[39] 张艳红,李晓彤.公路工程施工技术[M].北京:人民交通出版社,2016.

[40] 交通部公路司.公路工程质量通病防治指南[M].北京:人民交通出版社,2002.

[41] 黄晓明.路基路面工程[M].6版.北京:人民交通出版社,2019.

[42] 程言新,张福生,王婉茹,等.安徽省地貌分区和分类[J].安徽地质,1996,6(1):63-69.

[43] 安徽省自然资源厅.关于印发《安徽省地质灾害防治"十四五"规划(2021—2025年)》的通知[EB/

OL]. https：//zrzyt. ah. gov. cn/public/7021/146215361. html, 2021-11-18.

[44] 郭纯青, 方荣杰, 代俊峰. 水文气象学(2012 年版)[M]. 北京：中国水利水电出版社, 2012.

[45] 安惠娟. 吕梁市农村公路排水设施研究[D]. 西安：长安大学, 2017.

[46] 徐光来, 杨先成, 徐晓华, 等. 气候变暖背景下安徽省月 NDVI 动态变化研究[J]. 长江流域资源与环境, 2021, 30(2)：397-406.

[47] 夏爱梅, 聂乐群. 安徽植被带的划分[J]. 武汉植物学研究, 2004, (6)：523-528.

[48] 姚镇海, 吴丹娃, 褚荣浩, 等. 安徽省植被覆盖度动态变化及其地形的响应[J]. 水土保持通报, 2021, 41(3)：283-290.

[49] 李国良, 王磊, 杨晓严, 等. 我国交通基础设施发展水平比较研究[J]. 公路交通科技, 2021, 38(11)：97-105.

[50] 李荀. 基于安全等级划分的高速公路安全评价及风险识别[D]. 西安：长安大学, 2020.

[51] 刘兴堂, 梁炳成, 刘力, 等. 复杂系统建模理论、方法与技术[M]. 北京：科学出版社, 2008.

[52] 王莲芬, 许树柏. 层次分析法引论[M]. 北京：中国人民大学出版社, 1990.

[53] 马丽丽, 田淑芳, 王娜. 基于层次分析与模糊数学综合评判法的矿区生态环境评价[J]. 国土资源遥感, 2013, 25(3)：165-170.

[54] 章穗, 张梅, 迟国泰. 基于熵权法的科学技术评价模型及其实证研究[J]. 管理学报, 2010, 7(1)：34-42.

[55] 郭显光. 改进的熵值法及其在经济效益评价中的应用[J]. 系统工程理论与实践, 1998, (12)：99-103.

[56] 朱怀. 基于 AHP-熵权法的渡槽健康状态模糊综合评价研究[D]. 长沙：湖南大学, 2014.

[57] 晁代强, 易俊, 王文和. LEC 法在加油站电气设备安全管理中的应用[J]. 重庆科技学院学报(自然科学版), 2013, 15(S1)：6-8.